Scoprire i Giochi Gratuiti Online

Disponibile Qui:

BestActivityBooks.com/FREEGAMES

5 CONSIGLI PER INIZIARE

1) COME RISOLVERE LE PAROLE INTRECCIATTE

I puzzle hanno un formato classico:

- Le parole sono nascoste senza spazi o trattini,...
- Orientamento: Le parole possono essere scritte in avanti, indietro, verso l'alto, verso il basso o in diagonale (possono essere invertite).
- Le parole possono sovrapporsi o intersecarsi.

2) APPRENDIMENTO ATTIVO

Accanto ad ogni parola c'è uno spazio per scrivere la traduzione. Per incoraggiare l'apprendimento attivo, un **DIZIONARIO** alla fine di questa edizione vi permetterà di controllare e ampliare le vostre conoscenze. Cerca e scrivi le traduzioni, trovale nel puzzle e aggiungile al tuo vocabolario!

3) SEGNARE LE PAROLE

Puoi inventare il tuo sistema di segni. Forse ne usi già uno? Per esempio, puoi segnare le parole difficili da trovare con una croce, le parole preferite con una stella, le parole nuove con un triangolo, le parole rare con un diamante, e così via.

4) STRUTTURARE L'APPRENDIMENTO

Questa edizione offre un **TACCUINO** alla fine del libro. In vacanza, in viaggio o a casa, puoi organizzare facilmente le tue nuove conoscenze senza bisogno di un secondo quaderno!

5) AVETE FINITO TUTTE LE GRIGLIE?

Nelle ultime pagine di questo libro, nella sezione della **SFIDA FINALE**, troverete un gioco gratuito!

Facile e veloce! Dai un'occhiata alla nostra collezione di libri di attività per il tuo prossimo momento di divertimento e **apprendimento,** a portata di clic!

Trova la tua prossima sfida su:

BestActivityBooks.com/MioProssimoLibro

Ai vostri posti, pronti...Via!

Sapevi che ci sono circa 7.000 lingue diverse nel mondo? Le parole sono preziose.

Amiamo le lingue e abbiamo lavorato duramente per creare libri di altissima qualità. I nostri ingredienti?

Una selezione di argomenti adatti all'apprendimento, tre buone porzioni di intrattenimento, una cucchiaiata di parole difficili e una spolverata di parole rare. Li serviamo con amore e entusiasmo in modo che tu possa risolvere i migliori giochi di parole e divertirti imparando!

La vostra opinione è essenziale. Puoi partecipare attivamente al successo di questo libro lasciandoci un commento. Ci piacerebbe sapere cosa ti è piaciuto di più di questa edizione.

Ecco un link veloce alla pagina dell'ordine:

BestBooksActivity.com/Recensione50

Grazie per il vostro aiuto e buon divertimento!

Tutta la squadra

1 - Scacchi

ף	ס	ם	ח	ה	ל	ט	נ	ק	ו	ד	ו	ת	ר
צ	ם	י	ק	כ	א	מ	ש	ת	ח	מ	צ	ח	ן
כ	ח	ר	ח	ל	ל	ל	ט	ו	ר	נ	י	ר	ד
ש	ב	ג	ש	מ	ו	ך	ד	ו	מ	ל	ל	ו	ף
ה	י	ת	מ	ע	ף	ף	ר	א	ס	ר	צ	ת	ע
י	ר	א	ת	ט	ה	ס	כ	א	ע	ן	א	ע	כ
ג	י	א	ת	ע	ד	א	ל	ל	ב	כ	צ	ש	ט
ט	ף	פ	כ	נ	ף	כ	ל	כ	ם	צ	ם	א	פ
ר	ע	ס	ן	ט	נ	ב	י	ס	ס	נ	ח	ס	ס
ט	ר	ל	ל	ת	ב	צ	ם	ו	ר	ע	י	נ	ם
ס	ר	ם	ר	כ	ש	ח	ק	ן	ב	ב	ג	צ	צ
א	ט	ר	ר	ט	ן	ף	ב	מ	י	ר	ו	ח	ש
ת	ן	ע	ת	ט	ם	ל	ם	ז	ש	ף	ג	ת	נ
ד	ר	ר	ר	ע	ת	ח	ה	ת	צ	ש	ס	א	ח

נקודות
מלך
מלכה
כללים
הקרבה
אתגרים
אסטרטגיה
זמן
טורניר

יריב
לבן
אלוף
תחרות
אלכסון
שחקן
משחק
שחור
פסיבי
ללמוד

2 - Salute e Benessere #2

ט	ש	כ	א	ל	ה	ת	י	א	ב	ו	ן	ק	ס
ה	ת	ס	ר	ש	ת	א	פ	ם	ש	ם	ט	ל	נ
צ	ל	ש	מ	ם	י	א	נ	ר	ג	י	ה	ו	פ
א	ש	ת	ם	ס	י	א	פ	ף	ל	ל	ן	ר	ט
ע	ל	ק	ש	מ	ב	ג	ד	ג	י	ו	ס	י	ע
ם	ו	ר	ט	צ	ש	ז	ע	ס	ה	ח	ן	ה	ע
ב	כ	ו	ג	ח	ו	ה	י	ע	ף	ת	א	ף	ט
ט	י	י	א	י	ת	ה	ל	ה	ד	י	נ	ב	ס
ג	ע	ט	א	ל	ה	ת	פ	ב	ו	ב	ט	ר	ל
ד	ב	מ	מ	ו	ט	צ	ז	ח	ב	ם	ו	י	ר
ם	ע	י	כ	ח	א	ד	ע	ו	ג	כ	מ	א	ג
ר	נ	ן	ג	ד	י	ם	פ	א	נ	ה	י	ע	ו
ף	ג	ף	ר	ח	ד	מ	פ	ה	ה	ה	ה	ר	ף
ה	י	ג	י	י	נ	ה	ק	י	ט	נ	ג	צ	ת

אלרגיה
אנטומיה
תיאבון
קלוריה
גוף
דיאטה
עיכול
התייבשות
אנרגיה
גנטיקה

היגיינה
זיהום
חולי
עיסוי
תזונה
בית חולים
משקל
דם
בריא
ויטמין

3 - Aggettivi #2

י	ת	ר	י	צ	י	ב	ח	כ	מ	ל	ע	כ	ד
ע	ם	ג	ט	ף	ד	ש	ז	פ	ע	ב	ר	י	א
ב	ל	י	מ	נ	מ	ס	ק	א	נ	פ	ן	ם	מ
ט	ל	ל	ר	ו	ה	ט	ם	ס	י	י	ב	ש	ג
מ	ם	ת	ד	ש	ן	ל	ס	ט	י	ר	א	ע	א
ן	פ	ח	א	ל	ג	נ	ט	י	ן	ו	ף	כ	ר
צ	א	ו	ן	א	צ	ף	ף	ש	ד	א	ע	ה	צ
צ	מ	ל	ר	ת	ו	ע	ס	ט	ת	י	צ	ה	צ
ח	ת	מ	ח	ס	ט	ת	ר	ר	ב	ת	ף	ס	ח
ד	ו	צ	ד	ם	ם	ג	נ	ד	נ	ה	ח	ד	פ
ש	ק	צ	נ	ל	ע	א	ג	ט	נ	ג	ג	ן	ד
פ	פ	ף	נ	ש	ג	ה	ת	צ	י	פ	ע	ה	ב
ף	ל	ב	ן	כ	ן	א	ח	ר	א	י	ג	ש	ט
פ	ר	ו	ד	ו	ק	ט	י	ב	י	ה	ג	ט	ר

רעב
יבש
אותנטי
יצירתי
תיאורי
מתוק
דרמטי
אלגנטי
מפורסם
חזק

מעניין
טבעי
רגיל
חדש
גאה
פרודוקטיבי
טהור
אחראי
מלוח
בריא

4 - Ingegneria

ף	ס	ע	מ	ל	ת	א	ד	ה	י	ג	ר	נ	א
מ	כ	ו	נ	ה	ה	ת	צ	י	ד	פ	ן	נ	נ
ט	י	מ	ו	כ	ל	פ	ל	י	י	ש	ח	ו	ע
ע	צ	ק	ע	ו	ה	ד	ס	נ	ז	ת	ז	ת	א
ם	י	מ	ה	ח	י	ש	ו	ב	ל	ל	ת	ר	פ
ת	ב	ז	נ	ט	ה	נ	ב	מ	ר	ל	כ	ס	מ
ר	ו	ו	ע	פ	כ	נ	ע	ט	ת	פ	צ	ת	ב
פ	ת	ו	ה	ן	מ	מ	פ	כ	ס	ף	צ	ט	ם
ש	ן	י	ה	ן	י	ל	ו	כ	י	ם	ט	ל	ר
א	ף	ת	ף	ח	ה	צ	ן	ק	ב	ג	ם	ת	כ
ף	ש	ם	י	ש	ר	ת	נ	ו	ו	צ	ה	צ	פ
ר	נ	צ	ה	ד	י	ד	מ	ט	ב	א	י	א	ף
ד	ת	ה	ג	ע	פ	ל	ת	ר	ע	ר	ל	ס	א
ט	ס	ט	מ	ד	כ	פ	ת	ה	ס	ש	ם	ט	ל

הילוכים
נוזל
מכונה
מדידה
מנוע
עומק
הנעה
סיבוב
יציבות
מבנה

זווית
ציר
חישוב
בנייה
תרשים
קוטר
דיזל
הפצה
אנרגיה
כוח

5 - Archeologia

ש	ת	צ	ש	מ	ש	צ	ח	ם	פ	ד	ח	ב	ב
ל	נ	ף	פ	ו	ר	א	ק	ש	ר	נ	ו	מ	ר
ג	ב	י	ב	מ	י	צ	ב	ע	ו	ח	ק	א	צ
מ	ג	ל	ם	ח	ד	א	ר	י	פ	ל	ר	ו	ה
ה	ע	ע	פ	ה	כ	א	ת	ד	ס	ע	ה	ב	א
י	ת	ע	ר	ן	ש	ה	ד	ן	ו	ח	ת	ן	ם
צ	ח	ם	ג	ד	נ	ה	ף	צ	ר	א	ח	ש	מ
ז	ו	ע	פ	ם	מ	ד	ח	ד	ה	כ	ף	ל	ב
י	ח	ו	ת	ו	מ	צ	ע	ת	ע	ג	ף	א	ת
ל	ח	ו	ת	י	נ	ת	ע	ל	ו	מ	ה	י	ר
י	נ	ם	י	ט	ק	י	י	ב	ו	א	ג	ד	ש
ב	ש	ב	ר	י	ם	ו	מ	ק	ד	ש	ת	ו	א
י	ה	ע	ר	כ	ה	א	ת	ן	ט	כ	ן	ע	ע
צ	א	ג	ח	ן	צ	ף	פ	ח	ד	פ	ן	פ	מ

אובייקטים
עצמות
פרופסור
שריד
חוקר
לא ידוע
צוות
מקדש
קבר
הערכה

ניתוח
שנים
עתיקות
ציביליזציה
צאצא
עידן
מומחה
מאובן
שברים
תעלומה

6 - Salute e Benessere #1

י	ט	ט	ל	פ	ד	ר	פ	ב	א	ף	כ	ת	ו
צ	ג	ט	ה	מ	ס	מ	ף	ע	ם	י	ב	צ	ע
י	ב	ח	ר	ג	ד	ם	י	ר	י	ר	ש	ע	א
ב	ף	י	ג	נ	צ	ר	ט	ו	נ	ל	נ	צ	ד
ה	ב	י	ל	ג	א	ר	ת	ע	ו	ו	ן	מ	ף
ג	ס	ד	א	ר	ם	ע	ח	ה	מ	פ	ף	ו	ב
ד	ש	ק	ח	מ	ן	מ	ק	כ	ר	י	ם	ת	פ
פ	מ	י	ל	ר	א	נ	ר	ד	ו	ט	נ	ב	ה
ג	ן	ם	פ	פ	ה	ש	מ	פ	ה	ל	ד	ת	א
ר	פ	ו	א	ה	ר	ב	ת	ן	א	ף	ג	צ	מ
ד	ו	ק	ט	ו	ר	ר	י	ל	ש	ה	ב	ה	ף
ס	ת	ת	פ	ט	ס	ב	ב	ג	מ	פ	נ	ן	ן
ה	ר	פ	י	ה	מ	ה	ג	ט	ח	ף	כ	א	פ
ב	ט	ף	ב	ר	ת	ט	ע	ט	כ	ג	ו	ב	ה

הרגל
גובה
פעיל
חיידקים
מרפאה
רעב
בית מרקחת
שבר
רפואה
דוקטור

שרירים
עצבים
הורמונים
עצמות
עור
יציבה
רפלקס
הרפיה
טיפול
נגיף

7 - Aggettivi #1

ה	ע	ג	פ	ש	ל	נ	ב	נ	ס	ר	א	פ	ח
ש	א	פ	ת	נ	י	ת	ד	ט	פ	כ	ג	ע	ס
ס	ש	ז	ה	ה	ע	ח	ס	י	ש	ע	ד	ה	מ
ש	ב	ט	ז	נ	פ	ש	ס	ט	ב	נ	ו	ה	ף
ם	ס	ב	ר	ע	כ	ו	ך	ו	ר	א	ל	ל	פ
ם	א	ג	ת	ב	ש	ב	ש	ז	ק	ר	ל	ב	פ
ט	י	ף	ש	א	ש	מ	מ	ק	י	כ	מ	ה	ג
ם	ט	ל	ח	ו	מ	ע	ה	א	ם	ב	ו	ת	ה
א	י	צ	ש	ף	כ	ג	ט	צ	ף	ד	ד	ה	פ
מ	מ	ש	ע	ה	ף	ף	כ	ע	נ	ק	ר	ע	ל
נ	ח	ס	ף	י	מ	ו	ש	ל	ם	ס	נ	ם	ב
ו	ה	כ	ח	ד	ר	ן	א	ף	ג	ח	י	ף	כ
ת	פ	ח	צ	צ	ת	מ	ט	ש	ש	נ	פ	ט	מ
י	ה	צ	ח	ף	ן	צ	ת	א	ר	ו	מ	ט	י

זהה
חשוב
איטי
ארוך
מודרני
כנה
מושלם
כבד
יקר
רזה

שאפתנית
ארומטי
אמנותי
מוחלט
פעיל
ענק
אקזוטי
נדיב
צעיר
גדול

8 - Geologia

ח	ם	א	ע	ם	ף	ע	ת	ג	ב	צ	ש	ר	ה
פ	כ	ז	ד	צ	ע	ת	נ	ל	ג	ו	מ	ל	א
צ	א	ו	ם	ם	ל	מ	ח	ג	כ	כ	ר	פ	ל
ע	ח	ר	ר	ג	ף	ט	ף	מ	ף	ם	ר	כ	ם
ג	נ	ר	ג	נ	ג	ג	ל	ש	ס	ע	ח	ה	נ
ה	פ	ס	מ	א	ו	ב	ן	צ	ד	פ	ו	ה	ש
צ	ש	ח	י	ק	ה	ט	ת	א	ט	ן	מ	נ	כ
ץ	ר	ו	ו	ק	ם	י	ש	י	ב	ג	צ	נ	ב
ף	ם	ל	מ	ד	ג	צ	ב	א	ר	ה	ה	ט	ה
ע	מ	ת	מ	פ	א	ס	י	ח	ל	מ	ה	י	ר
ה	ע	ל	ר	ש	ל	ג	י	י	ז	ר	ר	ף	ע
ה	מ	ד	א	ת	ד	י	ע	ר	ג	א	מ	ש	מ
ל	ם	י	ל	ר	נ	י	מ	ע	ב	ן	ד	י	ס
מ	פ	ט	ף	ן	ד	נ	ש	ח	ט	נ	ר	ב	ג

לבה
מינרלים
אבן
קוורץ
מלח
נטיף
שכבה
רעידת אדמה
הר געש
אזור

חומצה
רמה
סידן
מערה
יבשת
אלמוג
גבישים
שחיקה
מאובן
גייזר

9 - Campeggio

ב	ב	ע	ג	ג	ח	ר	י	ח	ד	ב	ק	ר	ח
כ	ע	ס	פ	נ	ע	ב	ט	ם	ן	ר	א	ע	ע
ע	ח	נ	כ	ב	צ	ט	ל	ס	ר	ע	נ	צ	ד
ש	מ	נ	ן	צ	א	ד	כ	ה	פ	מ	ו	י	ט
פ	פ	ף	כ	פ	ר	ם	ב	ק	ר	ף	ע	ם	כ
ט	ב	ש	ל	ב	ט	ר	ח	ת	ו	י	ח	ג	ו
ת	ת	ה	ם	פ	ע	נ	ן	פ	ן	כ	א	א	ב
ת	ג	ת	ח	ח	ג	ד	כ	ר	ם	ן	ר	ש	ע
ע	א	י	ע	ר	נ	ש	ש	ה	צ	ע	מ	ס	ף
כ	נ	א	ש	א	ה	ת	נ	ה	ד	י	צ	א	ע
ע	ף	ב	ן	ן	נ	ב	ה	ט	ה	ל	פ	ו	ח
פ	ש	נ	ע	ף	ע	ל	ס	צ	ע	ת	ן	ה	פ
ה	ט	נ	ת	צ	ן	א	ר	ס	כ	ה	ם	ל	ט
ח	צ	ט	ג	מ	ט	א	ב	נ	ב	ס	ף	ר	ה

עצים
ערסל
חיות
הרפתקה
מצפן
תא
ציד
קאנו
כובע
חבל

כיף
יער
אש
חרק
אגם
ירח
מפה
הר
טבע
אוהל

10 - Tempo

ח	מ	ח	ס	ם	ה	פ	ת	ס	ן	ן	ל	א	צ
ג	נ	א	כ	ו	ו	מ	ט	ב	צ	פ	ש	ת	ה
ד	י	ת	ע	י	פ	י	ד	כ	ב	ב	ט	מ	ר
ק	ח	ל	ו	ח	ש	נ	ה	ל	י	ל	ה	ו	י
ה	ו	ט	ב	ם	ע	פ	ש	ע	ה	ב	פ	ל	י
מ	ד	כ	ש	ב	ח	ל	ח	א	ד	ק	מ	א	ם
ה	ש	ן	ע	ו	ם	ש	מ	ס	א	ר	פ	ס	א
ה	א	נ	ג	ק	ת	ע	פ	א	ר	ו	ש	ם	ל
ר	א	נ	ר	ר	ת	ו	ח	ל	ה	ב	ן	ס	ט
ש	צ	פ	ם	ד	ו	ן	כ	א	א	נ	ד	ג	ח
ש	נ	ת	י	ע	כ	ש	ע	ח	ג	ר	נ	ט	ם
פ	א	נ	ע	ש	נ	ה	ע	ר	ט	ה	ס	ף	ת
ה	ס	ע	ת	ד	מ	נ	ח	ר	ט	ן	צ	ן	ן
צ	נ	פ	ע	צ	ה	ף	ף	ב	צ	פ	ס	ר	ג

צהריים
דקה
לילה
היום
שעה
שעון
בקרוב
לפני
מאה
שבוע

שנה
שנתי
לוח שנה
עשור
לאחר
עתיד
יום
אתמול
בוקר
חודש

11 - Astronomia

ס	א	ן	נ	ב	ף	א	ל	ם	פ	ח	ש	ה	ס
ף	ס	ל	ד	מ	ם	ל	ם	נ	ף	ל	ש	ר	ס
ע	ט	ע	ן	ב	ג	מ	פ	ע	י	ק	ר	ט	ר
ר	ר	מ	ם	י	ב	כ	ו	כ	ת	צ	ו	ב	ק
פ	ו	ט	י	ן	כ	ד	ו	ר	ה	א	ר	ץ	ת
י	א	א	ק	א	ס	ט	ר	ו	נ	ו	ם	ה	ם
ל	י	ו	ו	ט	ח	צ	כ	ו	כ	ב	ל	כ	ת
י	ד	ר	ם	ע	ק	י	ר	ח	ע	ש	ן	ס	ה
ת	פ	ן	ל	ר	ף	ט	ס	ף	ה	פ	נ	ן	י
ת	מ	ף	י	ר	ס	ה	ב	ו	נ	ר	פ	ו	ס
ע	ד	נ	ק	א	פ	פ	ו	ק	ס	ל	ט	י	ק
ח	ה	ט	מ	ל	ס	ו	מ	ס	ו	ק	ר	ו	ל
ם	ה	ת	ן	ה	פ	צ	מ	ה	ח	כ	ף	ו	ג
ר	נ	ת	ו	ל	ז	מ	ה	ל	ג	ל	ג	ש	ת

ערפילית
המצפה
כוכב לכת
קרינה
רקטה
סופרנובה
טלסקופ
כדור הארץ
יקום
גלגל המזלות

אסטרואיד
אסטרונאוט
אסטרונום
רקיע
קוסמוס
קבוצת כוכבים
שוויון
גלקסיה
ירח
מטאור

12 - Algebra

ס	נ	נ	נ	כ	ב	ס	פ	א	ל	ם	ף	מ	ה
א	ו	נ	פ	ש	ע	ל	ם	ן	ה	ת	ש	ש	ג
י	ס	ע	מ	ב	י	ר	ג	פ	ר	ק	ש	ו	ת
נ	ח	ף	צ	ר	ה	ג	ר	ג	ם	צ	פ	ו	ח
ס	ה	ן	פ	ה	צ	צ	ף	ש	י	ד	ר	א	ט
ו	ה	ס	נ	ה	י	ח	ש	ת	י	ן	ף	ה	ד
פ	מ	א	מ	ע	ר	י	ך	ר	ר	ו	ס	י	ח
י	ל	ג	נ	מ	ט	ג	ת	ש	ג	ר	ג	ג	ס
נ	י	ח	ר	ש	מ	ג	מ	י	ו	ת	ם	ס	ה
צ	נ	ש	פ	מ	ד	ב	א	ם	ס	פ	כ	ף	ת
מ	י	ל	ם	ב	ב	ה	ד	נ	א	ו	ה	נ	ב
ת	א	ע	כ	ט	ד	ג	ו	ר	ם	ת	פ	ד	ל
נ	ר	מ	צ	ר	ף	ם	א	ן	ס	ה	ל	ש	ס
פ	י	ן	פ	ה	נ	ת	ש	מ	ן	ס	ס	ה	ב

תרשים
משוואה
מעריך
שקר
גורם
נוסחה
שבר
גרף
אינסופי
ליניארי

מטריצה
מספר
סוגריים
בעיה
לפשט
פתרון
סכום
חיסור
משתנה
אפס

13 - Mitologia

ה	ם	פ	א	ד	מ	ח	ן	י	ס	ש	ת	ת	כ
ת	ע	ם	ס	ב	ן	ת	צ	א	ל	י	ם	ו	מ
נ	ר	ו	ב	י	ג	ו	ע	ב	פ	ר	ח	ב	ב
ה	ר	ס	ף	ט	ר	ף	ן	ף	ה	ה	ו	ר	ו
ג	ט	ק	ג	ת	ם	ת	צ	ב	ל	א	ל	ת	ך
ו	צ	מ	ה	מ	מ	ח	ַ	צ	ֵ	נ	ף	צ	ף
ת	ס	ע	ם	ו	צ	ל	ע	ה	נ	ק	נ	ל	ש
ה	א	א	ת	פ	ף	נ	ק	מ	ה	ר	י	צ	י
ח	ג	ה	מ	ע	ב	ב	ה	כ	צ	ת	ם	כ	מ
ב	ד	ר	ם	ן	ג	א	ת	ל	כ	ן	ן	ר	ע
כ	ה	כ	ש	ד	ג	ג	ת	צ	ן	צ	נ	נ	ן
מ	מ	ג	מ	מ	ר	ה	מ	ת	צ	ל	פ	מ	ו
ק	ר	ב	ל	פ	ס	צ	ה	ר	ב	א	פ	ה	ס
ש	מ	ד	נ	ג	ט	א	ס	ו	פ	י	ט	ב	א

אבטיפוס
התנהגות
יצור
יצירה
תרבות
אסון
אלים
גיבור
כוח
ברק

קנאה
לוחם
נֵצַח
מבוך
אגדה
קסום
בן תמותה
מפלצת
רעם
נקמה

14 - Piante

ה	צ	צ	ה	נ	ב	ה	ק	י	נ	ט	ו	ב	צ
ס	ד	מ	ע	ל	מ	ל	ל	ג	ד	ו	ל	ע	ס
ם	פ	ח	ן	ח	ב	ע	ן	ע	ג	ת	ס	ש	ח
ל	מ	י	ש	ד	ו	ף	כ	ן	ף	י	ע	ר	ב
פ	ר	י	ת	ש	ק	ה	ל	ד	ע	ט	ח	ב	כ
ד	ק	ה	ג	ן	ק	י	ס	ו	ס	ץ	ה	ד	א
ה	ק	ה	א	ע	ד	ג	ע	ם	א	ס	ד	נ	ט
מ	ט	נ	ע	מ	ס	פ	ג	ת	מ	פ	ש	פ	ב
ש	ו	כ	ד	ב	ש	ח	ל	ד	ת	ף	ר	ט	ר
ע	ס	ר	ת	ו	ע	ָ	ל	ִ	י	ם	ו	ח	י
ו	נ	ן	א	ש	ד	ן	ד	א	מ	ם	ש	נ	כ
ע	ת	צ	ס	ש	ב	נ	ג	א	ר	א	ה	מ	נ
י	מ	ר	ף	כ	ב	ם	ן	ף	ל	ג	ב	ט	ב
ת	ר	ת	ו	כ	י	ל	ע	ח	ף	כ	ג	ח	ה

דשן
פרח
עלה
עָלִים
יער
גן
טחב
עלי כותרת
שורש
צמחייה

עץ
ברי
במבוק
בוטניקה
קקטוס
בוש
לגדול
קיסוס
דשא
שעועית

15 - Spezie

מ	ט	ף	כ	ת	כ	ג	ת	ב	ז	פ	ר	ל	צ
ת	ו	ש	ש	ה	ל	ר	ת	ח	ע	ד	ן	ב	ג
ה	ן	ס	כ	מ	ע	ב	צ	ל	פ	ל	פ	א	ש
ש	נ	ב	ק	צ	ש	מ	פ	מ	ר	י	ר	מ	ע
ע	ו	ר	נ	ט	מ	ת	ו	ק	ן	כ	מ	ו	ן
ד	ה	מ	א	ג	ט	ב	ע	ט	ת	ן	ט	ט	ת
ח	מ	ה	ר	י	ס	ח	ע	ה	ר	ב	ס	ו	כ
ק	ה	פ	ל	נ	ע	א	א	א	ק	ע	מ	ף	ש
י	ה	ש	ר	ג	פ	ף	נ	ס	ש	י	ף	ר	א
נ	ק	כ	כ	ר	ם	ש	י	ם	ו	כ	ר	ו	כ
מ	א	ם	ה	ל	ע	ו	ס	ר	ש	ם	צ	פ	ל
ו	ר	נ	ח	י	ת	ם	ר	ר	ף	ם	ר	ת	פ
ן	י	א	ב	נ	פ	ן	ן	ע	מ	ט	ת	ה	ן
מ	ט	מ	ע	ו	ה	ל	ש	ן	ג	ע	ן	ט	ש

שום
מריר
אניס
קינמון
הל
בצל
כוסברה
כמון
כורכום
קארי

מתוק
שומר
שוש
מוסקט
פפריקה
פלפל
מלח
וניל
זעפרן
ג'ינג'ר

16 - Numeri

ב	ט	ר	ם	נ	י	ם	ף	ס	ב	ש	ד	ת	ס
ר	ל	ה	ן	ש	נ	י	ם	ע	ש	ר	ת	פ	ח
ת	מ	כ	ב	ף	ו	ר	ג	ב	ב	ף	ד	ת	ש
ה	ח	ד	כ	פ	ר	ש	ע	ר	ג	ש	ט	צ	ש
ח	ר	פ	פ	ט	ש	ע	ף	א	ה	ע	פ	ף	ע
ח	מ	י	ש	ה	ע	ש	ר	ג	ר	ש	ש	כ	ש
ש	א	פ	ס	ר	א	ת	ש	ט	ר	ת	ל	ר	ר
ל	מ	א	ר	ש	ע	ה	ע	ב	ר	א	ה	ו	ה
ו	ס	ה	ר	ע	נ	ר	ה	נ	ו	מ	ש	ה	ש
ש	ם	כ	ף	ע	ח	ש	נ	פ	ם	ס	נ	צ	ש
ע	ב	כ	ח	ב	מ	ע	ו	ח	ת	ה	ד	ד	ב
ש	ר	ם	ת	ש	ש	ע	מ	ם	ף	ס	מ	ר	ט
ר	ש	ס	ב	ה	ג	ש	ש	ש	ת	י	י	ם	ל
ה	ש	ג	ג	פ	ר	ת	ר	ל	פ	ד	ב	כ	נ

ארבעה עשר
ארבע
חמישה עשר
שש עשרה
שש
שבע
שלוש
שלוש עשרה
עשרים
אפס

חמש
עשרוני
תשע עשרה
שבע עשרה
שמונה עשר
עשר
שנים עשר
שתיים
תשע
שמונה

17 - Cioccolato

צ	ה	ף	א	ל	ס	מ	ם	ק	ט	ה	פ	כ	ף
צ	ר	ש	א	צ	א	כ	ח	ק	ה	ע	ף	ה	א
ט	ן	כ	א	פ	ב	ט	פ	א	ב	ו	ה	א	צ
ף	ו	מ	מ	ת	ק	כ	ה	ו	ם	ם	ף	צ	ר
ל	א	ה	ם	ס	ה	ף	ט	ף	ה	ה	ד	ל	א
ח	ן	ו	צ	מ	ח	ד	ג	ו	נ	ת	מ	ל	מ
ר	ת	ם	ש	ן	ל	ה	ש	ת	ו	ק	ק	ו	ת
ח	ח	מ	ת	ב	ו	ט	נ	י	ם	ט	ח	פ	כ
ק	ד	ת	ר	י	ר	מ	ר	ם	ן	א	צ	ד	ו
ו	מ	ו	נ	ה	ת	ו	ם	ע	ט	ק	ה	ש	ן
ק	ר	ק	ס	פ	ל	ם	י	ע	ט	ז	פ	צ	ף
ו	ל	מ	ר	ק	ל	ף	ס	מ	ל	ו	ם	נ	פ
ס	נ	ט	א	א	ת	ו	כ	י	א	ט	ח	ג	ן
ת	ת	מ	ר	כ	ו	ס	מ	ר	כ	י	ב	ג	ן

אקזוטי
טעם
מרכיב
לאכול
קוקוס
אבקה
אהוב
איכות
מתכון
סוכר

מריר
נוגד חמצון
בוטנים
השתוקקות
קקאו
קלוריות
ממתק
קרמל
טעים
מתוק

18 - Guida

ג ת פ כ ן א ה פ ע ף ה פ ש ס
ע ד ם א ח ו ש ג ט ב נ ה ם ם
ב ר מ ו ע ט ל ג ש ם ס ם מ א
א מ ב פ נ ו ס ג ח מ צ ן ש ד
ת ה ב נ ם ב ה נ מ צ ח א ט ע
א י ס ו ה ו ל כ י ר ג ל ר נ
מ ר ע מ ס ו ד ע ו נ מ ה ג
ו ו מ נ ת נ ו ע ה ל ן ם ם ל
ס ת ה ס י ק ל ד ת ו ר י ה ז
ך ר ע ת כ צ ט ג י ע ל מ נ ג
ה ה ר ו ב ח ת ש ן ג ם ל כ ש
ל א ס ג ס נ י נ ר ש ש ב ס א
ר פ ע ן ש ר כ צ ג א ל פ ל פ
ל ף ב ט י ח ו ת א ו נ ה פ מ

אופנוע
מנוע
הולכי רגל
סכנה
משטרה
בטיחות
תנועה
תחבורה
מנהרה
מהירות

זהירות
מכונית
אוטובוס
דלק
בלמים
מוסך
גז
תאונה
רישיון
מפה

19 - I Media

ו	ף	ר	ל	ח	ף	כ	ע	ת	ק	ש	ו	ר	ת
ר	מ	צ	כ	ה	ת	צ	י	מ	מ	מ	ם	ע	מ
ר	ו	ב	י	צ	א	ם	ת	ד	א	ש	ש	ד	ה
א	י	נ	ט	ל	ק	ט	ו	א	ל	י	ת	י	ד
מ	ת	ך	ו	נ	י	ח	נ	ש	י	מ	ל	ג	ו
י	ת	ו	נ	ו	מ	ת	י	ה	נ	פ	ע	י	ר
מ	ס	ח	ר	י	ו	ד	ם	ע	ח	ו	מ	ט	ה
ו	צ	ע	פ	ד	ק	ח	ש	ד	ב	ע	ס	ל	י
ן	פ	ן	ן	ר	מ	ע	ס	ד	א	ט	ר	י	ז
ב	ש	ת	ו	ד	מ	ע	ו	ב	נ	ש	מ	ר	י
ף	ן	ו	ו	ק	מ	ת	כ	כ	ת	ט	נ	פ	ו
ף	ב	ם	ד	ה	ת	ו	מ	ו	ס	ר	פ	ל	ו
ה	ט	ע	ח	ט	ג	ת	מ	ב	ג	נ	נ	ש	ל
ע	נ	ח	ד	ם	ח	ג	ן	ף	מ	מ	ה	ה	ט

עמדות
מסחרי
תקשורת
דיגיטלי
מהדורה
חינוך
עובדות
מימון
תמונות
עיתונים

תעשייה
אינטלקטואלי
מקומי
מקוון
דעה
פרסומות
ציבור
רדיו
רשת
טלוויזיה

20 - Forza e Gravità

ד	ת	ל	ח	ץ	פ	נ	נ	א	ה	ז	צ	ם	ף
י	מ	כ	נ	י	ק	ה	ט	ן	ש	מ	מ	י	ג
נ	פ	מ	ל	ח	י	כ	ו	ך	פ	ן	ר	ס	ר
מ	י	ה	ל	י	ה	כ	ף	ר	ע	ן	כ	כ	מ
י	ז	י	ג	ו	ב	ר	ג	ף	ה	כ	ז	נ	ה
ב	י	ר	ר	ל	פ	כ	ח	ת	נ	ו	ע	ה	ה
ד	ק	ו	ה	י	ע	ע	ו	ב	ח	ט	ס	ל	ע
פ	ה	ת	ט	ג	ף	ח	כ	כ	ה	ף	א	ה	מ
ל	צ	ב	פ	מ	מ	ג	נ	ט	י	ו	ת	ל	ן
ם	ב	ע	ח	ס	ג	מ	נ	ר	ט	פ	ס	ן	פ
ס	ן	ל	ד	ל	נ	ש	ר	ס	ג	ב	מ	ם	צ
ף	ע	פ	נ	ו	מ	ק	ח	ר	מ	מ	כ	ד	נ
ג	ר	ן	ם	ל	מ	ל	צ	צ	ח	ף	ף	ט	ט
א	ו	נ	י	ב	ר	ס	ל	י	ב	ד	ם	ל	ש

תנועה
מסלול
משקל
כוכבי לכת
לחץ
נכסים
גילוי
זמן
אוניברסלי
מהירות

ציר
חיכוך
מרכז
דינמי
מרחק
הרחבה
פיזיקה
השפעה
מגנטיות
מכניקה

21 - Sport

כ	ב	ר	י	א	ו	ת	ח	ח	ר	פ	ר	מ	כ
ו	ר	ג	ד	ס	ז	ף	ח	צ	ב	ל	ן	ע	ה
ח	ע	צ	מ	ו	ת	ב	ד	ר	צ	ע	ש	ד	פ
ל	ג	ל	נ	ה	ת	ם	י	א	ר	ה	ד	ר	צ
ן	ו	ה	ם	ם	ט	ש	א	ת	נ	ת	ח	ש	נ
ל	ף	צ	ל	ד	ר	ע	ט	י	כ	ו	ל	ת	ל
ן	ר	י	ט	י	ו	ח	ה	ן	ד	ו	ק	י	ר
ט	א	ר	ר	ל	פ	ח	ד	מ	ל	ס	ם	נ	ה
מ	ח	י	מ	כ	ס	ם	ט	א	ר	ח	צ	כ	ג
א	ם	נ	צ	ו	ת	ב	ם	מ	ם	ג	ן	ת	ס
ב	ס	ס	י	ב	ו	ל	ת	מ	ן	צ	מ	ע	ה
ג	ק	ם	ף	ל	ח	ש	י	א	ט	ר	ו	פ	ס
ג	מ	כ	י	ה	ש	ס	ס	ת	ש	ש	ף	כ	ב
ם	ל	כ	ב	נ	ל	ס	ה	ר	ט	מ	ה	ס	ע

מטבולי
שרירים
לשחות
תזונה
מטרה
עצמות
תכנית
סיבולת
בריאות
ספורט

מאמן
ספורטאי
יכולת
לב וכלי דם
גוף
ריקוד
דיאטה
כוח
ריצה
למקסם

22 - Uccelli

פ	ש	ב	ן	ד	ל	נ	ד	ר	ח	ן	ד	ט	ט
נ	ק	ם	ר	ש	נ	ת	ב	כ	ת	ף	ש	ן	נ
ן	נ	ח	ו	ב	י	ע	ן	ב	ע	ל	ב	נ	כ
ג	א	ע	ר	ס	ו	ו	ט	ס	ד	ה	כ	נ	צ
נ	י	ש	ד	מ	ח	ר	מ	ש	כ	פ	א	ג	ק
ל	ת	ס	ג	ג	י	ה	ד	ס	ד	ט	נ	ה	ו
פ	ו	פ	ס	ז	ו	ו	ר	ב	ב	מ	פ	ד	ק
ל	כ	מ	ה	ה	נ	א	ר	מ	י	מ	ה	י	י
מ	י	ן	ס	ן	ה	נ	ו	ח	צ	ם	ש	ס	י
י	ח	ס	ר	ר	ע	פ	ל	ו	ה	ת	ס	ח	ה
נ	ט	ו	ק	א	ן	ט	פ	ע	ז	ף	ת	ס	ף
ג	ד	פ	ף	נ	ץ	ח	כ	ר	ש	ע	מ	ט	נ
ו	ף	ה	פ	י	נ	ג	ו	ו	י	ן	ע	ו	ף
ן	ל	ד	צ	מ	ש	ח	כ	ת	כ	א	ט	ס	ם

אנפה
ברווז
נשר
חסידה
ברבור
קוקייה
נץ
פלמינגו
שחף
אווז

תוכי
דרור
טווס
שקנאי
יונה
פינגווין
עוף
יען
טוקאן
ביצה

23 - Giorni e Mesi

א	ו	ק	ט	ו	ב	ר	י	י	ד	ם	א	צ	ד
ד	ש	ח	א	ס	ף	ג	ו	ו	נ	ש	ב	ו	ע
צ	נ	ו	ו	פ	ב	פ	ם	ם	ט	ל	ן	ב	ס
מ	ה	ד	ג	ט	ם	ד	ש	ר	ב	מ	ב	ו	נ
ב	ס	ש	ו	מ	נ	ם	נ	א	ע	ן	ל	ס	ר
ר	נ	פ	ס	ב	ד	ל	י	ש	ש	ח	ח	ר	י
א	ם	ר	ט	ר	ר	י	נ	ו	ח	ג	כ	ד	ו
ו	ל	ח	ר	ת	ה	ר	ו	ן	ן	ם	ט	צ	ם
נ	ר	א	ו	ר	ב	פ	י	ם	ס	ף	ן	ע	ש
י	ו	ל	י	צ	ת	א	ה	נ	ש	ח	ו	ל	ב
י	ו	ם	ר	ב	י	ע	י	כ	ט	ל	ד	ד	ת
כ	ג	ב	ט	ח	ג	ר	ה	ה	ר	ש	י	מ	ר
ע	י	ו	ם	ש	י	ש	י	ג	ת	פ	ם	ש	ד
ן	ת	ח	כ	ת	ח	ח	ב	ש	כ	ד	ס	ד	י

אוגוסט
שנה
אפריל
לוח שנה
דצמבר
יום ראשון
פברואר
ינואר
יוני
יולי

יום שני
יום שלישי
יום רביעי
חודש
נובמבר
אוקטובר
יום שבת
ספטמבר
שבוע
יום שישי

24 - Casa

ל	ם	ש	ח	א	ש	ה	ש	ח	מ	ט	ב	ח	ס
א	ב	ר	ז	ח	ט	ל	ף	ם	ל	ג	ד	ח	פ
מ	ק	ל	ח	ת	י	א	ג	ד	ר	ו	כ	ג	ר
ס	ל	ש	ד	ל	ח	ט	ט	פ	ד	ף	ן	ג	י
ע	ם	ג	ה	ד	צ	ג	צ	מ	ח	ם	ב	ט	ה
ל	פ	ל	ג	מ	כ	ב	ף	ף	ת	צ	ח	צ	א
ר	צ	פ	ה	ר	ו	נ	מ	מ	ר	א	ה	ר	ח
ה	ב	ש	ר	מ	מ	כ	ג	ר	ף	ל	ש	ב	ג
פ	ן	ת	ק	צ	ה	פ	ב	ת	כ	ק	ד	ת	ם
ח	ג	ג	ת	י	י	ל	ע	ם	ד	י	צ	ס	ל
א	צ	ב	ף	ב	ם	מ	ש	כ	ה	ר	א	ן	ע
ף	ם	נ	ת	ב	נ	ו	ט	ר	א	ש	ב	ג	מ
ב	ה	א	ד	ש	צ	ס	ן	ד	ל	פ	ת	ע	ן
ה	פ	צ	א	מ	ב	ך	ש	א	ה	א	ד	כ	ה

עליית גג
ספריה
חדר
אח
מטבח
מקלחת
חלון
מוסך
גן
מנורה
קיר
רצפה
דלת
גדר
ברז
מטאטא
תקרה
מראה
שטיח
גג

25 - Ristorante #1

ג	ף	ב	ת	צ	ם	פ	ב	ע	ו	ף	ה	ק	פ
ש	ת	מ	ל	ט	ל	ס	ר	צ	פ	ת	מ	ו	ת
א	מ	ר	כ	י	ב	י	ם	ם	כ	פ	ם	פ	ה
ג	ל	מ	ל	צ	ר	י	ת	ח	ל	צ	ב	א	ף
ם	כ	ר	א	ס	ל	נ	י	ל	נ	א	כ	י	ת
ט	ן	ח	ג	כ	ש	ק	פ	ה	ד	ל	ג	ת	ת
ר	ו	ט	ב	י	פ	נ	מ	ן	ר	א	ד	ב	פ
ש	ס	צ	ע	ט	ה	נ	מ	ז	ה	ע	ט	א	ר
ב	ס	כ	י	ן	מ	ל	ת	ג	ן	ף	ק	ה	י
ר	ע	ם	ג	ל	פ	ד	צ	מ	א	ס	ם	מ	ט
ה	ן	ד	ב	א	ס	ר	ר	ז	פ	מ	כ	ת	ש
ח	ר	י	ף	כ	ש	ע	פ	ו	כ	צ	ג	ג	צ
ע	ן	ע	ח	ו	נ	י	ק	ן	נ	א	ה	ף	פ
ן	ס	פ	ח	ל	נ	ח	ה	ר	מ	כ	נ	ט	ף

אלרגיה
קפה
מלצרית
בשר
קופאית
מזון
קערה
סכין
מטבח
קינוח
מרכיבים
לאכול
תפריט
לחם
צלחת
חריף
עוף
הזמנה
רוטב
מפית

26 - Fantascienza

ר	ן	נ	ם	ף	ט	ק	י	צ	ו	נ	י	ף	ק
ד	י	ס	ט	ו	פ	י	ה	ר	ת	פ	ה	ף	ו
ש	ף	ג	ח	פ	ה	פ	ם	ל	ו	ע	ב	ל	ל
נ	ם	ת	ם	ה	י	ל	ש	א	ב	ת	ר	פ	נ
א	ט	ו	מ	י	ג	ש	ע	ג	ט	פ	ס	ן	ו
ל	ע	ט	פ	א	ו	ר	ק	ל	ח	ג	כ	מ	ע
נ	ף	א	י	ס	ל	ג	ל	ק	ס	י	ה	כ	א
ר	מ	ב	צ	ת	ו	כ	א	ד	נ	נ	ן	ו	ו
א	ו	כ	ו	ג	נ	ט	מ	ת	ע	ד	ג	כ	ט
ג	ב	ב	ץ	מ	כ	ס	ס	מ	ה	י	א	ב	ו
נ	כ	ב	ו	י	ט	ס	ט	נ	פ	ת	ש	ל	פ
כ	פ	ן	כ	ט	ס	פ	ר	י	ם	ע	ח	כ	י
ת	ט	צ	ף	ש	י	ח	ר	ת	ט	ט	ס	ת	ה
ד	פ	צ	ש	ר	ד	ם	ד	מ	י	ו	נ	י	ה

אטומי
קולנוע
דיסטופיה
פיצוץ
קיצוני
פנטסטי
אש
עתידני
גלקסיה
אשליה

דמיוני
ספרים
מסתורי
עולם
אורקל
כוכב לכת
רובוטים
תרחיש
טכנולוגיה
אוטופיה

27 - Città

א	ן	ב	מ	ח	ג	ג	ת	י	א	ט	ר	ו	ן
פ	צ	ב	מ	ד	ט	ש	ל	ח	ש	צ	ף	א	ו
ף	א	ע	ח	א	ם	ם	ר	ר	א	ט	מ	ד	ל
ף	ק	ו	ה	ת	י	צ	ס	ה	י	י	פ	א	מ
א	ו	נ	י	ב	ר	ס	י	ט	ה	ה	ש	מ	מ
א	ש	ל	ב	מ	פ	פ	ר	ן	ב	י	ד	ר	ם
ד	מ	ו	ע	ג	ס	ם	ס	א	ן	ר	ה	פ	נ
ת	ח	ק	ר	מ	ת	י	ב	ת	ו	פ	ת	א	פ
ס	ג	צ	ן	מ	ו	ה	ה	ו	י	ס	ע	ה	ר
פ	ף	פ	ש	ן	נ	ס	ע	נ	ד	ב	ו	כ	ח
צ	כ	פ	ם	ב	ח	ר	מ	ח	ט	ה	פ	א	י
ס	ו	פ	ר	מ	ר	ק	ט	מ	צ	ד	ה	ג	ם
ג	ן	ח	י	ו	ת	ס	ן	ו	א	י	ז	ו	מ
ה	ר	ה	ח	ף	ד	ג	מ	ת	ח	ף	א	א	מ

שוק
מוזיאון
חנות
מאפייה
בית ספר
אצטדיון
סופרמרקט
תיאטרון
אוניברסיטה
גן חיות

שדה תעופה
בנק
ספריה
קולנוע
מרפאה
בית מרקחת
פרחים
גלריה
מלון
חנות ספרים

28 - Fattoria #1

ד	נ	ח	ז	כ	פ	נ	ר	מ	ה	ג	ד	ד	ג
ב	ם	ק	ר	ר	ל	ר	ו	מ	ח	ח	ת	ו	ל
ו	ח	ל	ו	ד	ע	ב	ה	ס	ט	ט	א	צ	ג
ר	ג	א	א	ג	ס	י	ס	ס	ס	ף	ט	ש	ע
ה	נ	ו	מ	ש	ו	ט	ם	י	מ	ח	ה	ת	פ
ל	כ	ת	ב	כ	ס	כ	ב	ג	ח	ז	ח	מ	ט
ע	ע	ן	נ	ס	ח	א	ב	ח	נ	י	צ	נ	פ
ט	מ	ן	א	ם	ל	פ	ט	כ	ל	ר	י	ה	ג
ש	ת	ף	נ	נ	כ	ד	ם	ם	ל	צ	ר	ד	ב
ע	ג	צ	א	ן	ר	ד	ל	צ	ן	ס	ן	ש	ע
ן	ם	ש	ע	ן	ע	נ	ת	ח	ה	נ	ב	ן	ח
ה	ם	ב	ז	ן	ם	ת	ם	ע	ו	ף	ל	ן	ש
ר	ש	ד	ה	ח	ה	ט	ר	ר	ט	א	ם	ם	ר
ב	ש	ד	א	נ	ד	ת	נ	ר	פ	ג	ס	ס	ג

מים
חקלאות
דבורה
חמור
שדה
כלב
עז
סוס
דשן
חציר

חתול
צאן
חזיר
דבש
פרה
עוף
גדר
אורז
זרעים
עגל

29 - Psicologia

ח	פ	ב	פ	נ	ס	נ	ף	ה	ב	ה	א	ב	ר
ד	כ	פ	ס	נ	כ	ה	ק	ת	ס	ע	ם	מ	ג
ח	ל	ו	מ	ו	ת	ן	ו	נ	נ	ד	י	מ	ש
א	י	ש	י	ו	ת	ה	ג	ה	ס	ו	ט	ה	ו
ם	ב	כ	ר	א	ש	ס	נ	ג	נ	מ	י	ס	ת
ה	ת	נ	ג	ש	ו	ת	י	ו	ת	א	פ	י	ו
ש	ו	ו	כ	ת	ס	ו	צ	ת	ק	ל	ו	פ	ע
ו	ד	ג	ב	ר	ב	א	י	ח	ה	ל	ל	ת	פ
ח	ל	ה	ת	ש	ט	י	ה	ו	ע	ן	י	ו	ש
ת	י	א	ג	ו	ח	צ	צ	ו	ר	ג	כ	נ	ה
ד	כ	ה	מ	ה	ד	מ	ט	י	ב	ס	ט	ו	י
ן	ש	ה	מ	ג	א	פ	ף	ו	ה	ג	ם	י	מ
ס	ר	ע	ש	ל	ד	ט	צ	ת	ד	א	ב	ע	ד
ד	ת	ה	פ	ף	נ	ת	ר	כ	נ	ן	א	ר	נ

השפעות
מחשבות
תפיסה
אישיות
בעיה
מציאות
תחושה
חלומות
טיפול
הערכה

קליני
קוגניציה
התנהגות
התנגשות
אגו
רגשות
חוויות
רעיונות
לא מודע
ילדות

30 - Paesaggi

ע	ה	ג	ש	ה	ג	ס	י	ז	א	ו	א	ה	ר
ש	ש	א	ו	ק	י	י	נ	ו	ס	ג	י	ת	ח
ג	ב	ע	ה	ם	ר	צ	ט	ע	ן	ל	ם	ט	ה
ר	ם	ג	ד	ס	כ	ף	נ	א	פ	ר	י	ע	צ
ע	כ	ס	ם	ט	ה	ע	ה	ר	ש	מ	ב	כ	ף
ת	מ	נ	א	ף	ד	צ	ה	פ	מ	ס	ן	צ	ה
ע	ה	ק	פ	ת	ט	ב	ד	ט	ד	ס	ס	ף	ע
נ	ג	פ	ה	ף	ו	ח	י	ה	ר	ג	ע	ש	ד
ע	ט	כ	צ	פ	נ	ב	א	צ	מ	פ	ל	ר	י
ן	ט	כ	א	ד	ד	ם	ה	צ	ה	נ	ף	ב	ו
ף	ף	ף	פ	ג	ר	ז	י	ג	נ	נ	ה	ר	נ
א	ח	ן	ב	ע	ה	ג	צ	ג	ה	ם	נ	ט	ו
פ	ב	א	ה	ב	ן	ו	ח	ר	ק	ט	כ	ן	ת
ם	מ	ע	ר	ה	מ	ד	ב	ר	נ	ח	ל	מ	ס

ים
הר
אואזיס
אוקיינוס
ביצה
חצי האי
חוף
טונדרה
עמק
הר געש

מפל
גבעה
מדבר
דיונות
נהר
גייזר
קרחון
מערה
אי
אגם

31 - Energia

ף	ט	ד	ל	ח	ם	ם	ע	ף	ק	ס	ח	מ	ט
ש	ר	צ	ב	ס	כ	ל	ג	ה	ל	ל	ו	ס	ז
ג	פ	כ	כ	כ	ר	ב	כ	ר	ן	ז	ד	ף	י
ם	ב	ס	א	נ	ו	ר	ן	ה	ב	י	ב	ס	ה
ם	ע	ט	פ	ע	ח	ג	ו	ס	נ	ד	ל	ט	ו
ג	ן	ן	ד	ו	ע	ע	ט	ט	ז	א	ח	ו	ם
ג	ר	ע	י	נ	י	ד	ו	ד	י	ל	ו	ר	ח
ט	ע	פ	ח	מ	ן	ן	פ	ם	ן	ק	ם	ב	ט
פ	ש	ל	ן	י	ל	מ	ש	ח	מ	ט	מ	י	ם
מ	ס	ף	נ	ב	ל	ל	ת	ל	י	ר	צ	נ	ל
ב	ט	ה	ת	ם	ט	ט	ף	ח	מ	ו	צ	ה	א
א	נ	ט	ר	ו	פ	י	ה	צ	ד	ן	מ	ר	ס
צ	ת	ן	כ	ם	כ	ח	ה	י	י	ש	ע	ת	ג
ל	ת	ס	ה	ן	א	ח	ף	ב	ה	ן	ד	ג	ג

פוטון
מימן
תעשייה
זיהום
מנוע
גרעיני
מתחדש
טורבינה
קיטור
רוח

סביבה
סוללה
בנזין
חום
פחמן
דלק
דיזל
חשמלי
אלקטרון
אנטרופיה

32 - Ristorante #2

ב	א	ף	מ	ר	ק	ג	ע	ה	ף	ף	כ	ף	מ
ש	צ	ס	נ	ר	ם	מ	ף	ף	מ	מ	ה	ר	מ
פ	כ	א	ח	צ	נ	ם	ם	פ	ל	ן	מ	ף	ן
ה	ה	ח	ג	פ	כ	ע	ה	ע	ח	ת	מ	צ	ח
ט	ף	ן	ר	ר	מ	נ	פ	ה	נ	כ	ג	ד	ס
ע	ת	ם	י	צ	י	ב	נ	ח	פ	ף	ל	פ	ח
ס	ב	ח	פ	ט	ל	ד	ה	ס	ט	כ	ז	י	ע
א	ר	ו	ח	ת	צ	ה	ר	י	י	ם	מ	ר	ו
ר	ע	מ	ט	ס	מ	ר	ה	ס	ש	ר	צ	ו	ג
ה	ת	ת	ת	ל	ל	ל	א	י	ר	ק	ו	ת	ה
ט	ח	א	ס	ט	צ	ם	י	נ	י	ל	ב	ת	מ
ה	ו	ב	א	ה	ר	י	נ	ל	נ	ם	נ	י	מ
כ	ר	ן	ה	ג	ף	ע	ד	ס	מ	צ	ם	מ	ה
כ	א	ס	ג	ף	ש	ט	ג	ן	פ	ה	ר	ה	ר

מים
מתאבן
מלצר
ארוחת ערב
כף
טעים
מזלג
פירות
קרח
סלט

מרק
דג
ארוחת צהריים
מלח
כיסא
תבלינים
עוגה
ביצים
ירקות

33 - Moda

מ	א	ן	ל	ח	צ	נ	י	ם	מ	ר	ס	נ	ה
ט	ו	ל	ד	ט	ג	א	מ	ק	ה	ג	ה	ו	ח
ף	כ	ד	ג	ח	ג	ב	ל	ר	ג	ל	מ	ח	ף
ב	ע	ף	ר	נ	מ	צ	ע	מ	כ	ב	ק	ה	ט
ף	ח	ל	ק	נ	ט	ו	ש	פ	ב	ש	ר	ר	ש
ב	ן	מ	י	נ	י	י	ג	ג	א	ת	ד	ח	צ
ד	ח	ם	ר	ה	ן	ד	כ	ם	כ	ח	ו	ת	מ
צ	ד	ע	ו	ן	צ	נ	ב	ת	ף	כ	ג	י	ב
ר	ח	נ	ק	ן	ד	פ	ב	ע	ש	ן	ס	נ	ו
ת	ף	צ	מ	ד	ן	ד	ל	ש	ת	צ	ח	ב	ט
ו	ן	ה	נ	ל	ל	פ	ת	ט	ג	נ	צ	ת	י
ד	פ	ג	צ	פ	ע	ד	ג	ע	ל	ו	ח	כ	ק
י	ט	ס	י	ל	מ	י	נ	י	מ	ע	ח	ף	ט
מ	ע	ש	י	ס	ג	נ	ו	ן	ף	ש	נ	מ	ע

תחרה
מעשי
לחצנים
רקמה
פשוט
מתוחכם
סגנון
מגמה
בד
מרקם

בוטיק
יקר
נוח
אלגנטי
מינימליסטי
מידות
תבנית
מודרני
צנוע
מקורי

34 - L'Azienda

ת	ג	נ	ן	ת	ש	ל	ל	ת	ו	ר	ש	פ	א
ג	ע	ף	ע	ת	ן	כ	ע	מ	ע	ס	ר	ס	ע
צ	מ	ש	ן	ת	ת	ת	ר	ב	ש	ס	צ	ב	ע
מ	ק	ם	י	ב	א	ש	מ	פ	פ	ח	ו	פ	כ
ה	צ	ה	ט	י	ה	כ	נ	ס	ו	ת	מ	ק	פ
מ	ו	א	י	נ	ה	ה	ת	ק	ד	מ	ו	ת	ה
ג	ע	ה	נ	ש	ע	ה	ח	ל	ט	ה	א	ם	ר
מ	י	ת	ו	ד	ק	ג	ס	י	כ	ו	נ	י	ם
ו	פ	ם	מ	ח	ש	ע	ג	ש	פ	מ	מ	ה	פ
ת	פ	ב	ח	ה	ה	ל	ח	א	ר	ה	מ	נ	ם
כ	ע	ש	ד	ח	ל	ג	ם	י	ט	מ	ד	ס	ס
י	צ	י	ר	ת	י	ל	א	כ	צ	ג	ר	ע	ט
צ	מ	פ	א	כ	ן	ח	ג	ו	ן	ל	נ	ל	ס
י	ח	י	ד	ו	ת	ש	כ	ת	ח	א	ן	ב	ס

התקדמות
איכות
הכנסות
מוניטין
סיכונים
משאבים
שכר
מגמות
יחידות

יצירתי
החלטה
תעשייה
חדשני
השקעה
תעסוקה
אפשרות
מצגת
מוצר
מקצועי

35 - Giardino

נ	ם	ג	ע	ש	פ	מ	ף	ם	א	ר	ב	ט	ט
ם	י	ג	ן	ם	ר	ג	צ	י	נ	ו	ר	ר	מ
א	ט	ע	ץ	ב	ם	ר	ב	ע	ר	ג	מ	מ	ו
ד	ו	צ	ג	ר	ם	פ	א	ל	ד	נ	ג	פ	ס
נ	ש	ו	ב	י	ה	ה	ה	ס	ן	מ	צ	ו	ך
צ	ם	א	ן	כ	ה	ר	ש	ל	ס	א	ם	ל	ג
ד	י	א	ה	ה	ג	י	פ	צ	ב	ש	צ	י	ח
ט	ב	ס	ד	ע	ף	פ	ן	ף	ד	ח	ע	נ	ג
ר	ש	ג	ן	מ	ם	ח	ת	ף	כ	פ	כ	ה	ד
ס	ע	פ	כ	ס	ה	ת	ה	מ	ר	פ	ס	ת	ר
ה	ש	ן	פ	ל	ט	א	ע	א	פ	ר	ח	צ	כ
ד	ן	ג	ת	ד	ה	ר	ר	ם	ש	ט	צ	ת	צ
ל	ן	צ	ף	ע	ת	ן	ס	ד	ר	ע	ר	צ	ב
ף	ג	ש	ס	פ	ס	ל	ל	ם	צ	א	נ	כ	מ

המרפסת
מגרפה
גדר
סלעים
בריכה
אדמה
טרסה
טרמפולינה
צינור
גפן

עץ
ערסל
בוש
דשא
עשבים שוטים
פרח
מוסך
גן
את חפירה
ספסל

36 - Frutta

ב	א	ח	ג	ש	א	ס	ת	ח	ף	ב	ד	ף	צ
נ	כ	ל	ם	ף	ב	ס	פ	פ	ג	ם	ו	ת	כ
נ	פ	ד	ב	י	ו	ו	י	ק	ו	ר	ב	ן	ף
ה	ס	ל	ע	ז	ק	ג	ח	ת	ה	ח	ד	ח	ה
ג	ג	מ	ב	ש	ד	נ	ר	ח	ף	כ	ב	צ	ע
ה	ת	ש	כ	ן	ו	מ	י	ל	פ	כ	ן	פ	ג
צ	ם	ת	מ	צ	פ	מ	ל	ו	ן	כ	ס	ג	כ
ט	מ	ה	י	א	פ	פ	ד	פ	נ	כ	ד	נ	ד
ד	א	א	נ	נ	ס	א	ג	ס	ט	מ	ש	מ	ש
ת	פ	ב	ט	א	ד	ה	ג	ד	ן	ל	צ	ף	ד
י	ר	ב	ה	ר	ת	ע	ד	ט	כ	נ	א	ד	נ
צ	ס	ג	ש	ס	צ	ט	ב	ש	ש	צ	ס	פ	ף
ס	ק	נ	ק	ט	ר	י	נ	ה	ש	ע	ל	ט	ס
נ	ג	ח	ב	ן	ע	א	ל	פ	א	ף	ג	צ	ף

משמש
אננס
כתום
אבוקדו
ברי
בננה
דובדבן
תאנה
קיווי
פטל

לימון
מנגו
תפוח
מלון
נקטרינה
פפאיה
אגס
אפרסק
שזיף
גפן

37 - Fattoria #2

ת	צ	פ	כ	כ	ר	כ	י	א	פ	י	ר	ו	ת
ן	ס	א	ל	ש	ו	א	ו	ו	ז	י	ם	י	צ
מ	ד	ב	ת	ר	ט	ו	ח	א	ה	ל	כ	ר	ע
ד	ג	ח	ד	כ	ק	ס	ר	י	ת	ר	פ	ק	ע
ר	ג	ד	ל	נ	ר	ה	צ	ת	ף	ף	פ	ז	פ
ע	ל	ן	פ	ד	ט	ח	ל	ב	כ	מ	ז	ו	ן
ט	ל	ה	ח	ה	ש	ר	ח	ם	ס	צ	ג	ו	ט
ן	ש	י	פ	ד	נ	כ	ל	י	ח	ם	ט	ר	ע
ט	פ	ק	ן	ף	ת	ל	מ	ש	ט	י	ר	ב	ר
ל	א	ש	ב	ט	נ	ע	פ	ב	צ	ה	ו	ף	ש
א	ן	ה	ל	ג	ד	ו	ל	כ	א	א	נ	ת	ע
ג	ד	ט	צ	ה	ם	ד	ס	ר	ר	ח	מ	ד	ו
ל	א	מ	ה	ט	ם	נ	א	ל	ד	כ	ת	ר	ר
ט	ט	ן	א	מ	ם	ת	נ	א	ס	ם	פ	ח	ה

השקיה
לאמה
חלב
תירס
אווזים
שעורה
כבשים
אחו
טרקטור
ירק

טלה
איכר
כוורת
ברווז
חיות
מזון
לגדול
אסם
פירות
חיטה

38 - Verdure

ת	ג	ב	ם	מ	ת	ח	ג	ג	צ	ן	צ	ם	ן
ס	ה	ף	ר	ש	ן	צ	ה	י	י	ר	ט	פ	נ
ה	צ	ד	ז	ו	ג	י	ש	נ	ר	ע	ד	ה	ר
ל	נ	ק	ג	ב	ק	ל	ת	ג	ל	א	ר	ש	ל
ב	ו	ו	ת	ס	ד	ו	פ	ר	ס	ל	ע	ד	ש
ס	ן	ש	פ	ן	צ	ע	ל	מ	ל	פ	פ	ו	ן
ן	ל	י	ו	ש	ה	י	ל	י	ז	ו	ר	ט	פ
מ	ם	ט	ח	א	ע	צ	ן	ס	ם	ס	ף	ש	ת
ח	כ	ר	א	ל	ג	ת	ל	ן	נ	ס	פ	ה	ה
ר	מ	א	ד	ו	ב	ד	נ	ף	ס	ס	ד	מ	ח
ח	ם	מ	מ	ת	נ	ס	צ	ס	ת	ש	ו	ם	ד
ש	מ	נ	ה	ע	י	ד	ה	פ	ף	ר	ס	ר	ר
ב	צ	ל	פ	ל	י	א	פ	ו	נ	ה	ד	ג	נ
ן	ם	א	ם	ד	ה	ר	פ	ל	ש	ן	פ	צ	ר

שום
ברוקולי
ארטישוק
גזר
מלפפון
בצל
פטרייה
סלט
חציל
תפוח אדמה

אפונה
עגבנייה
פטרוזיליה
לפת
צנון
שאלות
סלרי
תרד
ג'ינג'ר
דלעת

39 - Musica

ב	ג	א	ד	ש	ס	ע	ל	ף	ר	ח	ב	כ	ב
ל	ה	ק	ל	ט	ה	מ	מ	ת	ד	י	ר	י	ל
ד	נ	פ	ש	ר	ש	ס	ל	פ	כ	ת	א	ר	נ
ה	י	ן	מ	י	ט	א	ו	פ	ל	ק	ל	ח	ל
ף	ג	ו	ם	ו	ב	ל	א	ב	י	ן	ת	ט	ב
ח	נ	ל	ר	ש	צ	ש	צ	ז	ל	י	ב	צ	ק
י	מ	א	מ	י	ק	ר	ו	פ	ו	ן	ף	ש	ה
ח	ה	ו	ז	מ	ד	מ	ר	פ	ק	ק	ל	ג	ר
ס	ס	פ	ח	ה	ל	ה	ק	מ	ל	ב	כ	א	מ
ז	מ	ר	מ	ג	פ	ר	מ	_	ח	ג	ש	ט	ו
ן	ל	ה	ש	ח	ר	ד	א	ה	ם	ה	ט	ב	נ
ג	א	ל	ם	ה	ש	ס	ם	ד	ן	ט	פ	ד	י
ר	ם	ש	ג	ס	.	ף	ג	מ	מ	ע	צ	נ	ה
ף	צ	ר	ת	י	ר	ס	ף	ע	ח	ת	ח	ח	ג

אלבום
הרמוניה
הרמוני
בלדה
זמר
שר
קְלַאסִי
מקהלה
לירי
מנגינה
מיקרופון
מחזמר
מוזיקאי
אופרה
פואטי
הקלטה
קצבי
קצב
כלי
קולי

40 - Barbecue

ח	ה	ש	כ	ג	ר	ע	ס	ם	ט	א	ס	ל	צ
צ	ג	פ	ר	ב	ט	ו	ר	פ	י	ר	ו	ת	ח
ף	ט	י	ג	ם	י	ק	ח	ש	מ	ו	ע	ד	ב
ד	ל	ע	ב	ע	ר	ק	ן	מ	ל	ח	ה	נ	ר
ס	ר	א	צ	מ	ת	י	ש	ה	צ	ת	ח	ח	צ
ת	ל	מ	נ	כ	ס	ץ	ט	ן	ב	ע	ג	כ	ע
צ	ב	ר	ח	ן	ס	ת	ם	ף	ח	ר	ב	ג	א
ח	ל	ה	א	ט	א	ע	פ	ב	ס	ב	ב	ד	כ
ב	כ	ת	ן	כ	מ	ע	ה	ז	מ	נ	ה	ף	ש
ם	י	נ	י	כ	ס	מ	ו	ז	י	ק	ה	ה	ר
ח	ב	פ	ט	ע	ר	פ	מ	ו	ב	א	ח	פ	ם
פ	ן	ר	ן	מ	ף	ז	ת	כ	ב	ס	פ	ת	ט
ם	י	ט	ל	ס	ו	ר	ל	פ	ל	פ	ש	ף	ט
ח	ל	ת	ב	ן	ע	ה	מ	ס	נ	ח	מ	ל	ם

חם
ארוחת ערב
מזון
בצל
סכינים
קיץ
רעב
משפחה
פירות
משחקים

גריל
סלטים
הזמנה
מוזיקה
פלפל
עוף
עגבניות
מלח
רוטב

41 - Insetti

ש ו ת י נ ת ג ס פ ב פ ט ש ש
ת ע ל ש מ ו ד מ צ ת ר ד פ צ
ש ם ת ד ל ל ט ן ן י ת ל א ם
ה ג ג ב ה ע פ ע ט ש מ ט ב ד
ה כ ג ת ב ת פ ר ע ו ש ר ר ת
נ ם מ ש ר ע מ צ א פ ה ע ח צ
ג ט ל נ א י ט צ ט י ר ב ל ר
ט ע ש ג ט ה ע ר צ ח ב ל ח ז
ס ן ל נ נ ר ן פ ט ג נ א מ ב
ן א מ ל ב ו ר ר ח ש ו נ ג ט
ן כ ה מ ב ב כ פ ס ה מ י נ כ
כ ש צ י ק ד ה ס ת י ר י פ ש
נ ת ש ק ק מ א ן ס פ ש ב ש א
ע צ ח ב א ג ס פ כ צ ס ט ש ם

שפירית
ארבה
גמל שלמה
פרעוש
מקק
טרמיט
תולעת
צרעה
יתוש

כנימה
דבורה
חגב
ציקדה
פרת משה רבנו
חיפושית
עש
פרפר
נמלה
זחל

42 - Fisica

ע	מ	ף	מ	ג	ע	ב	ת	ו	ר	י	ד	ת	ת
ט	ס	ה	ם	כ	כ	א	ו	ס	ף	ס	ף	ג	א
מ	ג	מ	צ	צ	ש	ל	פ	נ	ו	ס	ח	ה	ו
ש	ד	י	ל	ס	ר	ב	י	נ	ו	א	נ	ל	צ
ת	מ	ה	י	ר	ו	ת	פ	פ	א	ן	ג	ו	ה
נ	ט	ל	כ	ג	ט	כ	צ	ט	ל	ו	כ	ק	נ
ה	ה	א	ע	ן	ת	ת	ג	ח	נ	ר	ן	ל	ת
ק	י	א	ז	ה	ג	ג	ת	ה	ל	ט	א	ו	צ
י	כ	ח	ג	ר	ע	י	נ	י	ב	ק	ם	מ	ם
נ	מ	י	ס	ה	ר	ח	ב	ה	ס	ל	י	ן	א
כ	ת	ח	מ	ו	מ	נ	ו	ע	ר	א	ל	ק	ט
מ	ב	פ	מ	י	ת	ו	י	ט	נ	ג	מ	ט	ו
א	ע	ב	ט	ן	ל	ה	ב	נ	פ	ג	נ	ס	ם
ה	ט	מ	ל	ר	פ	ב	ת	צ	ד	מ	ד	ג	ש

מגנטיות
מכניקה
מולקולה
מנוע
גרעיני
חלקיק
יחסות
אוניברסלי
משתנה
מהירות

תאוצה
אטום
כאוס
כימי
צפיפות
אלקטרון
הרחבה
נוסחה
תדירות
גז

43 - Erboristeria

י	ט	מ	ו	ר	א	א	ס	ד	ב	ע	ן	ב	ק
ג	ר	ן	ג	ד	ן	ו	ה	א	ש	א	ב	ס	ו
ח	פ	ו	ב	נ	פ	ר	ע	פ	ט	מ	ן	ף	ל
ב	כ	ג	ק	ב	ס	ג	ל	ד	ת	ת	י	ב	י
ל	ח	ר	פ	ל	נ	נ	ד	א	ה	ב	ר	ר	נ
ע	ה	ט	נ	מ	ר	ו	ז	צ	י	י	מ	צ	ר
נ	ס	ט	ס	פ	א	צ	ע	ף	ל	כ	ז	ר	י
ח	ת	ג	ן	פ	ל	ה	ג	פ	י	ר	ו	א	ב
ש	א	ת	ח	ה	ל	ט	ר	ל	ז	מ	ר	ת	צ
נ	ת	ב	צ	כ	ט	י	ן	ם	ו	ש	ו	מ	ר
מ	ם	ת	ג	ת	ן	מ	כ	ל	ר	כ	כ	א	ה
מ	י	ו	ר	ן	ח	י	ר	ס	ט	א	ס	פ	ס
מ	ח	א	נ	ג	ר	ן	ע	מ	פ	ר	ן	ס	ח
ד	ט	א	ט	ח	ד	ב	ר	ף	ל	ת	ן	ה	כ

שום
שמיר
ארומטי
ריחן
קולינרי
טרגון
שומר
פרח
גן
מרכיב

לבנדר
מיורן
מנטה
אורגנו
פטרוזיליה
איכות
רוזמרין
טימין
ירוק
זעפרן

44 - Attività Commerciale

ה	ס	ש	ח	ה	מ	ט	ב	ע	ן	ו	מ	י	מ
נ	ה	א	נ	כ	פ	נ	ו	ה	מ	ל	א	נ	א
ח	ס	מ	ו	נ	ל	ב	ל	ע	ה	ל	כ	ל	כ
ה	ר	א	ת	ס	ד	ת	ס	ג	ד	ם	ע	ע	ף
ר	א	ה	ו	ה	ג	י	ע	ף	ב	ב	ל	פ	ס
ב	פ	פ	ל	ר	ק	פ	ה	מ	כ	ט	ה	מ	ס
ח	ס	כ	ע	ו	ף	מ	ב	ה	ר	י	י	ר	ק
ל	ד	ן	ס	ח	ה	ש	ב	ר	ת	ם	נ	פ	ת
ד	כ	ת	ש	ס	ע	ר	ד	י	ל	ח	ו	ו	ר
א	ס	ן	נ	ס	ק	ד	ף	כ	ע	ם	ת	א	מ
ד	ף	ח	ק	ם	ש	ט	ה	מ	ב	י	צ	ק	ת
ד	ה	ה	ב	נ	ה	ח	ס	ב	ף	צ	א	מ	נ
ס	א	נ	ט	ש	צ	כ	מ	ש	ב	ח	ג	ג	ם
מ	ש	ן	ם	ס	ג	מ	מ	מ	ה	ג	צ	ג	ב

- חנות
- רווח
- הכנסה
- הנחה
- חברה
- כסף
- עסקה
- משרד
- מטבע
- מכירה

- תקציב
- קריירה
- עלות
- מעסיק
- עובד
- כלכלה
- מפעל
- מימון
- השקעה
- סחורה

45 - Fiori

נ	צ	מ	כ	ך	פ	א	ד	מ	ו	נ	י	ת	ו
ר	ד	נ	ב	ל	ב	פ	ס	י	פ	ל	ו	ר	ה
ז	פ	ט	ר	י	א	מ	ה	ע	ר	פ	ד	ת	י
ח	צ	ר	נ	ל	ת	ר	נ	ב	ר	ב	פ	ו	ל
ח	כ	י	נ	ו	ע	ב	צ	ג	נ	ר	ד	כ	ו
ד	צ	ש	פ	ש	ס	ט	ת	ם	ל	ס	ש	י	נ
פ	ג	ג	ם	ל	ט	ס	ן	ה	ח	נ	ל	ל	ג
צ	ם	ס	ג	ד	ה	ח	ח	נ	מ	ף	ד	ע	מ
ל	מ	ח	ס	י	ק	ר	נ	ם	נ	ג	ר	ט	ה
כ	ח	ס	נ	ז	ג	ה	י	ב	י	ס	ק	ו	ס
ש	ם	ד	ב	י	א	ש	ת	ל	ת	ן	ל	ל	ח
נ	ר	ת	ס	י	ם	ו	ד	ח	ס	נ	ר	צ	ל
ג	ת	ה	פ	ד	א	ש	ם	ס	ם	ל	ן	ן	פ
ס	ן	י	מ	ס	י	ן	ל	י	ר	א	ה	ן	ש

זר
נרקיס
סחלב
פרג
פסיפלורה
אדמונית
עלי כותרת
ורד
תלתן
צבעוני

שן הארי
גרדניה
יסמין
שושן
חמנית
היביסקוס
לבנדר
לילך
מגנוליה
דייזי

46 - Filantropia

צ	ה	א	נ	ו	ש	ו	ת	ש	ט	ט	מ	ת	ח
ד	ח	ר	ע	ם	ב	ט	פ	ן	ב	ק	י	ו	כ
ק	ש	ע	ש	צ	ש	ש	ב	ס	ר	ב	מ	כ	כ
ה	צ	ר	ר	ם	י	ר	ג	ת	א	ו	ו	נ	ג
ר	ד	מ	ח	ם	ה	ב	א	ב	ד	צ	ן	י	א
א	כ	מ	ת	ד	ם	מ	ו	פ	ף	ו	ג	ו	ע
ת	נ	צ	ו	ר	ך	ט	ד	ר	א	ת	ד	ת	ה
צ	ח	ש	ב	ע	א	ר	ע	ו	נ	י	ש	נ	נ
ב	ג	נ	י	כ	פ	ו	ן	ל	ה	ל	י	ה	ק
ם	ל	ג	ד	ק	ס	ת	ר	כ	ד	ד	ע	ח	ע
ה	פ	מ	נ	צ	ש	פ	ר	ת	ן	י	ת	צ	ס
מ	ש	י	מ	ה	ט	ר	י	ת	ה	ם	ף	ח	ב
א	נ	ש	י	ם	צ	ם	נ	ם	כ	י	ו	ש	ר
מ	ה	י	ס	ט	ו	ר	י	ה	ב	ד	ף	ב	נ

משימה
מטרות
יושר
אנשים
תוכניות
ציבור
אתגרים
היסטוריה
האנושות

ילדים
צורך
צדקה
קהילה
אנשי קשר
מימון
כספים
נדיבות
נוער
קבוצות

47 - Discipline Scientifiche

א	ס	א	ב	נ	מ	ב	ח	כ	כ	נ	ח	נ	א
ס	ו	א	י	ר	ט	ל	צ	כ	ר	ט	ב	ק	ת
ט	צ	ל	ו	מ	א	ש	ה	ר	ג	ב	ו	ת	ר
ר	י	ר	ל	ע	ו	נ	נ	ם	ל	ל	ה	א	מ
ו	ו	ה	ו	ס	ר	ו	ה	ה	ו	ג	ק	ג	ו
נ	ל	פ	ג	ג	ו	ת	ק	ג	ח	ד	י	ל	ד
ו	ו	כ	י	ר	ל	פ	י	ל	ן	א	נ	ת	י
מ	ג	ה	ה	כ	ו	ה	נ	ס	ו	ה	כ	פ	נ
י	י	י	י	נ	ג	ן	ט	ל	ל	ת	מ	מ	מ
ה	ה	מ	פ	ס	י	כ	ו	ל	ו	ג	י	ה	י
ט	י	ו	ל	מ	ה	ג	ב	ת	צ	ר	ח	ג	ק
ה	ב	ט	ד	מ	י	ב	י	ו	כ	י	מ	י	ה
ס	כ	נ	ל	ה	ה	י	ג	ו	ל	ר	נ	י	מ
נ	ה	א	ף	ה	י	ג	ו	ל	ו	א	כ	ר	א

אנטומיה
ארכאולוגיה
אסטרונומיה
ביוכימיה
ביולוגיה
בוטניקה
כימיה
אקולוגיה
גיאולוגיה
בלשנות
מכניקה
מטאורולוגיה
מינרלוגיה
פסיכולוגיה
סוציולוגיה
תרמודינמיקה

48 - Scienza

ע	ח	ט	ד	ג	כ	ט	ע	א	מ	ט	ד	ה	פ
ט	ל	ג	צ	ב	ל	ס	ד	ק	ד	ל	ש	ם	י
ב	ק	ר	ל	ל	ת	ר	כ	ל	ע	ר	ה	ו	ז
ע	י	א	פ	ן	כ	י	מ	י	ן	מ	ס	ט	י
ס	ק	מ	י	נ	ר	ל	י	ם	ל	י	נ	א	ק
א	י	ה	ב	נ	ח	ד	ע	נ	נ	ש	י	ט	ה
ה	ם	י	ן	ת	צ	צ	ר	ת	ט	ג	ב	ף	צ
ף	ן	צ	ם	ר	ע	ן	ח	ו	ב	ה	ד	מ	ר
א	ב	ו	ט	ר	ד	ד	ג	נ	ה	נ	ח	ה	א
ת	ו	ל	ו	ק	ל	ו	מ	י	ג	י	א	נ	מ
צ	א	ו	ר	ג	נ	י	ז	ם	ם	ב	ם	ע	א
ח	מ	ב	ר	א	ת	נ	נ	ט	ש	מ	ב	ה	ה
ה	ם	א	פ	ב	ש	נ	כ	ר	נ	ד	מ	ס	ב
ם	ב	א	ן	ש	ע	ו	ב	ד	ה	ה	ד	א	ן

אטום
כימי
אקלים
נתונים
ניסוי
אבולוציה
עובדה
פיזיקה
מאובן
הנחה

מעבדה
שיטה
מינרלים
מולקולות
טבע
אורגניזם
חלקיקים
צמחים
מדען

49 - Imbarcazioni

א	ש	א	ן	ף	מ	צ	ג	מ	מ	ע	ו	נ	מ
ת	כ	ש	פ	ה	ט	כ	א	י	פ	ו	ש	ב	ל
ף	ו	צ	מ	ם	ק	ה	ו	ן	ר	ג	ל	ם	ף
ם	ת	ר	ה	נ	ר	א	ת	ה	ש	ן	ד	ר	ם
ס	ר	ד	ן	ת	ט	ת	נ	ד	י	ל	ע	ח	ט
א	ו	ק	י	י	נ	ו	ס	ו	ת	ל	נ	כ	ל
ל	ב	א	ה	פ	ש	ם	ם	ס	מ	צ	נ	ס	ח
ד	ע	י	נ	ד	כ	מ	צ	פ	ע	ע	פ	ע	ב
ע	מ	ק	ל	ם	ם	ה	ג	ר	ג	ח	כ	ב	ל
ף	ל	פ	ה	ב	ש	ף	נ	ף	ל	ל	ם	ס	ת
צ	ש	ח	צ	ו	ו	ת	ח	ד	י	מ	י	ח	ש
ס	ט	ן	פ	מ	ה	ע	פ	ם	ג	ת	ר	ם	מ
נ	ס	ל	ס	ל	ר	י	ם	ב	כ	ב	צ	ג	ף
ה	ת	ב	מ	כ	ע	ע	ס	ח	ס	ע	ת	א	ה

ים
גאות
מלח
מנוע
ימי
אוקיינוס
גלים
מעבורת
יאכטה
רפסודה

תורן
עוגן
מפרשית
מצוף
קאנו
חבל
צוות
נהר
קיאק
אגם

50 - Chimica

ח	ח	צ	ג	ת	כ	ת	ן	ב	מ	ע	א	פ	ט
ל	ו	מ	ה	פ	ש	נ	ו	ז	ל	ס	כ	ע	מ
מ	נ	מ	צ	נ	ר	נ	י	ג	ת	ה	ת	ם	פ
ת	ס	ג	צ	ן	מ	י	מ	ם	פ	ש	ד	מ	ר
ם	ז	ר	ז	ה	א	ט	ו	מ	י	ע	ן	ש	ט
ן	ת	ע	א	ל	ק	ל	י	י	ן	ז	פ	ק	ו
ס	ל	י	ב	ו	ן	מ	ד	א	ו	ב	נ	ל	ר
צ	א	נ	ש	ק	ה	פ	ס	ה	ר	מ	א	א	ה
ף	נ	י	ן	ל	א	ל	ב	ג	ט	נ	ס	ח	ד
ט	ף	ם	נ	ו	א	צ	ח	ב	ק	ר	ד	ת	ם
פ	ם	כ	ר	מ	כ	ל	ו	ר	ל	מ	ש	כ	פ
ח	ם	א	ו	ר	ג	נ	י	ל	א	א	ש	ן	כ
מ	ה	ש	ן	ח	ש	א	ג	ב	ב	ת	צ	ט	ג
ן	ח	ו	ם	ף	ת	נ	כ	ס	ב	צ	ש	פ	ף

מימן
יון
נוזל
מולקולה
גרעיני
אורגני
חמצן
משקל
מלח
טמפרטורה

חומצה
אלקליין
אטומי
חום
פחמן
זרז
כלור
אלקטרון
אנזים
גז

51 - Strumenti Musicali

ש	ח	מ	ק	ל	ו	ת	ת	י	פ	ו	ף	מ	ב
כ	י	נ	ו	ר	ל	א	ט	ד	פ	מ	פ	פ	ת
ב	ג	מ	נ	צ	ם	ה	ר	צ	ו	צ	ח	ו	ס
ע	ם	ש	ן	ה	ב	ג	ו	ד	ש	פ	ה	ח	ט
ג	י	ט	ר	ה	ב	א	מ	ה	ט	ש	ג	י	נ
נ	ר	ת	נ	ס	פ	נ	ב	ג	ג	ל	א	ת	מ
ו	מ	ב	ף	ק	ש	ג	ו	ם	פ	ס	ד	ה	נ
ג	ף	ה	מ	ס	ש	ר	ן	ו	ס	ב	ע	ט	ד
ם	ו	ג	ה	ו	מ	ק	ל	ר	י	נ	ט	כ	ו
ה	ת	ת	מ	פ	ר	נ	ד	ן	ת	ן	ב	ף	ל
ד	ה	ד	ב	ו	י	ב	ת	ט	א	ח	ג	ף	י
ת	צ	צ	ד	ן	מ	ו	נ	ל	צ	ל	נ	ה	נ
ו	ל	כ	מ	צ	ב	ב	א	ג	כ	י	כ	ב	ה
ף	ו	ש	ב	ס	ה	א	ט	ם	ו	ל	נ	ן	ל

מפוחית
נבל
מקלות תיפוף
בנג'ו
גיטרה
קלרינט
בסון
חליל
גונג
מנדולינה

מרימבה
אבוב
פסנתר
סקסופון
תוף מרים
תוף
חצוצרה
טרומבון
כינור
צ'לו

52 - Professioni #2

ב	ט	ג	פ	מ	ב	ם	מ	ר	ט	ס	ר	ב	ף
ל	י	ת	ן	ן	ל	ם	ה	ר	ו	מ	ק	ב	ש
ש	י	ד	ט	ח	ש	ן	נ	ג	א	פ	ו	ר	ז
ס	ס	ר	פ	ר	ן	צ	ד	מ	נ	ת	ח	ח	ו
ג	ת	ט	ס	ד	כ	י	ס	ב	ו	י	ע	ת	א
ב	מ	א	י	י	ר	י	ם	ט	ר	נ	י	מ	ו
א	מ	מ	ש	ע	ג	ר	ת	כ	ט	ר	ת	ס	ל
פ	י	ל	ו	ס	ו	ף	ם	ס	ס	פ	ו	ח	ו
ג	פ	ל	ד	נ	א	ר	ת	ל	א	ס	נ	ת	ג
ר	ו	פ	א	ש	י	נ	י	י	ם	א	א	ם	ם
פ	ב	ל	כ	ר	צ	ה	ע	פ	נ	ל	י	פ	ס
ם	ת	ג	ו	ש	מ	פ	צ	פ	צ	צ	צ	ן	ח
ג	ל	צ	א	י	מ	ב	ם	ט	ג	ש	ש	ט	ן
ד	ת	ם	ד	ב	ב	ט	א	ס	א	צ	ן	ר	ב

אסטרונאוט
ספרנית
ביולוג
מנתח
רופא שיניים
בלש
פילוסוף
צלם
גנן
עיתונאי

מאייר
מהנדס
מורה
ממציא
בלשן
רופא
טייס
צייר
חוקר
זואולוג

53 - Letteratura

ע	ר	ל	מ	ח	ג	ח	ם	מ	ר	ו	א	י	ת
ב	צ	ק	ט	ה	א	ל	נ	ח	ט	ן	ן	ד	ה
ד	מ	ש	פ	פ	ש	ה	ג	ע	ל	ע	פ	ד	מ
ע	ר	ע	ו	כ	ו	א	ח	ח	מ	נ	נ	כ	ט
מ	ח	ב	ר	ם	נ	ו	כ	צ	צ	ח	ב	כ	ר
מ	ד	ע	ה	ק	ת	ו	ן	ה	ב	א	ש	ת	ג
ע	ת	ן	ד	ת	כ	ש	מ	י	ן	כ	ר	ן	ד
ח	ר	ו	ז	ב	ר	ה	ו	ג	פ	נ	ג	ח	י
ל	ט	נ	ל	כ	ע	ג	ר	ו	ג	ת	ש	צ	ה
ה	נ	ג	נ	ה	ר	ו	ש	ל	ן	ג	ן	ת	ל
ב	ן	ס	ג	פ	נ	ל	ט	נ	ף	ס	ש	ד	ר
א	כ	א	י	א	א	א	ן	א	ם	ו	כ	י	ס
צ	פ	ה	א	ט	ז	י	ט	א	ו	פ	ש	ע	א
ע	ח	ו	ת	י	נ	ד	ג	כ	פ	ת	מ	ם	נ

מטפורה
דעה
שיר
פואטי
חרוז
קצב
רומן
סגנון
ערכת נושא
טרגדיה

ניתוח
אנלוגיה
אנקדוטה
מחבר
ביוגרפיה
סיכום
השוואה
תיאור
דיאלוג
ז'אנר

54 - Cibo #2

ח	צ	י	ל	ת	ר	פ	ט	ף	ה	ש	פ	ד	ש
ר	ר	ר	ח	ד	ל	ו	ק	ו	ש	ד	ע	ם	ש
כ	ח	ל	ם	מ	ף	ב	ב	ע	צ	מ	ע	ף	ף
צ	ם	ס	כ	ע	י	י	י	ל	ו	ק	ו	ר	ב
פ	א	פ	ף	ו	צ	מ	ל	ף	א	ד	נ	א	נ
ט	ם	ס	ג	ה	ב	ר	ל	נ	ג	ג	ש	ו	כ
כ	ד	ו	ג	ח	פ	א	כ	צ	מ	ם	ע	ר	ל
ף	ר	ב	ר	ד	צ	ד	ש	ם	ע	ט	ף	ז	ס
ט	ש	ג	ח	ב	נ	נ	ה	צ	ן	ש	ב	א	כ
מ	ן	ח	י	ט	ה	י	י	נ	ב	ג	ע	ן	ה
ן	ף	כ	ל	ה	ב	ו	י	ט	ד	ח	ל	מ	ד
ה	נ	י	ב	ג	ו	ג	ר	ג	ב	ח	פ	כ	ר
פ	מ	צ	ד	י	ה	ן	ט	ן	ו	ת	ט	נ	ס
מ	ת	ל	ק	ב	פ	ג	פ	ן	ד	ח	ו	פ	ת

בננה
ברוקולי
דובדבן
שוקולד
גבינה
פטרייה
חיטה
קיווי
תפוח
חציל

לחם
דג
עוף
עגבנייה
חם
אורז
סלרי
ביצה
גפן
יוגורט

55 - Nutrizione

ח	ף	נ	ל	ד	ס	ף	פ	ע	צ	ח	ק	כ	כ
ה	ל	ם	נ	ע	ר	ש	ש	ט	ע	ר	ל	ל	ם
א	י	ב	מ	ז	י	ן	ן	פ	ה	ר	ו	ע	ח
ב	כ	ט	ו	ב	ר	ם	ס	ט	פ	ס	ר	ג	ע
מ	א	ו	ד	נ	מ	ף	מ	ה	ט	א	י	ד	ם
א	י	ר	ב	ם	י	ל	ז	ו	נ	ם	ו	ס	ש
ו	ב	ט	נ	כ	ע	ם	פ	פ	צ	ם	ת	כ	ת
ז	ל	ח	צ	ן	ש	י	ח	ט	ס	ח	ו	ף	ו
ן	ו	ב	א	י	ת	נ	ה	ס	ם	צ	מ	ח	א
ש	ל	ק	ש	מ	ח	י	ף	פ	פ	ח	י	ד	י
ר	ו	ע	ם	ט	ד	ל	ן	ם	א	כ	מ	נ	ר
פ	כ	ח	ר	י	ע	ב	נ	מ	ן	ת	ח	ת	ב
ן	י	ה	ט	ו	ע	ת	ד	ן	נ	ם	פ	מ	ף
ח	ע	ס	א	ע	ף	ט	ע	א	י	כ	ו	ת	ב

מזין
משקל
חלבונים
איכות
רוטב
בריאות
בריא
תבלינים
רעלן
ויטמין

מריר
תיאבון
מאוזן
קלוריות
פחמימות
אכיל
דיאטה
עיכול
תסיסה
נוזלים

56 - Matematica

מ	ט	פ	ת	ט	ן	ס	ה	ש	נ	ת	ש	מ	צ
ן	ס	ר	ת	ש	ג	ך	י	ר	ע	מ	ב	ש	ת
ש	ח	פ	נ	ם	ג	כ	נ	מ	ם	כ	ר	ו	ב
ם	ח	ה	ר	ל	ס	פ	ו	נ	ט	א	ת	ו	ל
ח	ש	ח	ג	י	ג	ל	ר	כ	ב	ר	ח	א	ד
ע	ב	מ	ף	ב	ם	ח	ש	נ	י	ה	י	ה	מ
ר	ו	צ	ף	ק	י	ה	ע	א	ב	כ	ש	ה	ע
א	ן	ן	ה	מ	ל	ד	ג	ע	א	ה	ר	צ	ל
ז	ב	מ	ג	א	ו	מ	ט	ר	י	ה	ה	ר	ו
ו	ל	צ	ט	פ	ן	ע	ם	ס	ק	ו	ט	ר	ת
ו	מ	ו	ג	מ	מ	ב	ס	ת	נ	ג	ם	ס	ם
י	ש	ל	ו	ש	מ	נ	כ	פ	ע	ד	ג	צ	ם
ו	ר	ע	נ	ד	ט	פ	ו	פ	א	נ	ן	ח	ס
ת	י	ל	י	ב	ק	מ	ם	ת	ח	כ	ר	ם	ף

זוויות
חשבון
עשרוני
קוטר
משוואה
מעריך
שבר
גאומטריה
מעלות
מספרים

מקביל
מקבילית
היקף
מצולע
כיכר
מלבן
סימטריה
סכום
משולש
נפח

57 - Meditazione

א	ת	ט	ר	ר	ק	ט	ב	ע	ו	ג	ר	ג	ג
ד	צ	ע	ה	פ	ה	ב	ת	א	א	ה	ע	צ	ג
ם	א	נ	ש	ר	ם	צ	ל	נ	נ	ן	ב	ר	א
ד	ו	ה	ר	ג	ל	י	ם	ה	ב	י	צ	י	ן
ם	ש	ל	ב	ד	ן	צ	ם	מ	ק	ב	ף	א	ב
ש	ר	ל	ש	פ	נ	ן	מ	ח	ש	י	ן	מ	ה
ע	צ	צ	ה	כ	ר	ת	ת	ו	ד	ה	ת	צ	י
ת	נ	ו	ע	ה	ס	א	ע	מ	א	ב	ע	ש	ר
ר	ג	ש	ו	ת	ח	ס	ד	ע	ד	ה	ת	ר	ו
ד	ח	ג	א	ח	מ	ל	ה	ק	י	ז	ו	מ	ת
ש	ם	ש	ם	ש	ה	נ	מ	ח	ש	ב	ו	ת	ל
פ	ר	ס	פ	ק	ט	י	ב	ה	ן	ש	ל	ע	ם
פ	ן	נ	ח	ם	ס	צ	א	כ	נ	ב	ח	ל	ר
ש	נ	נ	ש	ע	ס	ל	ת	כ	ב	ל	מ	א	ש

הרגלים
קבלה
רגוע
בהירות
חמלה
רגשות
אושר
חסד
הכרת תודה
נפש

מוח
תנועה
מוזיקה
טבע
שלום
מחשבות
יציבה
פרספקטיבה
שתיקה
ער

58 - Elettricità

ח	נ	נ	ן	ה	ג	ד	נ	פ	ח	ן	ע	ק	ש
א	ש	ט	ו	כ	ג	ם	ה	ח	ע	נ	מ	ס	ל
ף	ש	מ	פ	כ	ה	י	י	ף	כ	ס	ג	ף	י
ש	ט	ס	ל	ב	כ	ט	ז	צ	ה	ל	נ	ת	ל
ל	ר	נ	ט	י	ב	ו	י	ח	פ	י	ט	צ	י
ל	ש	ד	ב	ת	ס	ח	ו	ל	מ	י	ל	ט	ף
א	ת	ח	ן	ע	נ	ן	ו	א	ף	ז	ש	ע	נ
ע	ג	ט	ש	מ	ח	ו	ל	ל	ד	ר	ר	ב	כ
ל	צ	ר	נ	מ	ח	ס	ט	מ	נ	צ	ף	ם	ף
צ	ן	ר	ת	צ	ל	ח	ן	ב	ד	ס	ם	ח	ה
ה	ש	ע	פ	ב	ד	א	ג	פ	ד	מ	ר	ף	ה
ט	כ	ג	ם	י	ט	ק	י	י	ב	ו	א	מ	א
כ	מ	ו	ת	מ	מ	נ	ו	ר	ה	ל	ל	ו	ס
צ	י	ו	ד	ג	ן	ף	ן	ר	ס	ב	א	פ	ש

ציוד
סוללה
כבל
אחסון
חשמלאי
חשמלי
חוטים
מחולל
מנורה
לייזר

מגנט
שלילי
אובייקטים
חיובי
שקע
כמות
רשת
טלפון
טלוויזיה

59 - Antiquariato

ך	פ	ף	ף	ס	ג	נ	ג	ח	ש	ע	ס	פ	מ
ד	ר	ל	מ	ה	מ	ד	ל	א	ף	נ	נ	י	כ
ק	י	ע	נ	פ	ף	מ	ר	ן	י	ב	ן	ס	י
ו	ט	ו	ה	י	ר	ש	י	ח	ר	כ	פ	ו	ר
ר	ש	ה	ש	ק	ע	ה	ה	מ	ע	ע	ו	ל	ה
ט	י	ה	צ	ט	צ	ג	צ	ט	ט	ש	ד	ת	פ
י	ט	ח	צ	ם	מ	ד	ן	ב	ף	ו	א	פ	ו
ב	א	ס	מ	א	ה	ב	ת	ע	א	ר	צ	כ	מ
י	ת	ג	ן	ן	ס	ד	ל	ו	ל	י	ו	א	ב
י	ט	נ	ת	ו	א	נ	מ	ת	ג	ם	י	פ	י
ג	ם	ו	ו	ב	פ	ד	ם	פ	נ	ג	ר	ל	ת
ה	ן	ן	נ	ש	ח	ז	ו	ר	ט	מ	א	ד	ע
א	מ	ש	מ	נ	ן	כ	ח	א	י	צ	א	ר	ח
ב	נ	י	א	ן	צ	ש	ש	ן	כ	ף	נ	ד	מ

אמנות
פריט
מכירה פומבית
אותנטי
עשורים
דקורטיבי
אלגנטי
גלריה
יוצא דופן
השקעה

ריהוט
מטבעות
מחיר
איכות
שחזור
פיסול
מאה
סגנון
ערך
ישן

60 - Escursionismo

צ	צ	ש	מ	ש	ם	ר	מ	ג	פ	י	י	ם	ה
ד	צ	ח	ע	ד	ב	כ	ג	ג	ף	ס	ג	ג	כ
ט	ד	ל	נ	כ	ר	ל	ל	ם	א	ח	נ	ל	נ
ף	ב	ב	ד	ן	ט	י	פ	א	ר	ק	י	ם	ה
ה	ן	ע	מ	נ	ת	ט	כ	ף	ע	צ	פ	י	י
א	פ	ף	צ	מ	ה	ר	ע	י	צ	ו	מ	מ	י
ן	ד	ה	ג	ס	פ	ר	א	י	ם	ק	ק	ת	ט
צ	ת	ח	ג	ף	מ	ס	ף	ע	ף	מ	צ	ה	נ
ת	ן	ם	א	ף	ע	צ	כ	ח	ד	ע	ן	ר	ם
ד	א	ח	א	ב	נ	י	ם	נ	נ	כ	נ	ב	ג
א	ק	ל	י	ם	ר	צ	ר	א	ו	ן	ם	ד	ת
ל	ט	נ	נ	ף	ף	ב	ן	ג	כ	ת	ו	י	ח
ס	ל	ד	ה	נ	ח	ט	א	ג	ן	ף	פ	א	ם
ע	ב	א	ר	ר	נ	ן	נ	ד	ם	ד	ן	צ	א

מים
חיות
קמפינג
אקלים
מדריכים
מפה
הר
טבע
נטייה
פארקים

סכנות
כבד
אבנים
הכנה
צוק
פראי
שמש
עייף
מגפיים
פסגה

61 - Professioni #1

ח	ס	ם	ג	צ	ש	ם	ש	ף	ן	ר	ש	י	פ
ל	ש	ו	ן	ד	ב	ר	ב	ר	ש	ת	ו	א	נ
פ	ס	נ	ת	ר	ן	נ	א	מ	ן	כ	ג	ק	פ
ו	ל	ו	ל	ח	מ	ר	ק	ע	נ	ש	י	י	ח
ט	ם	ר	פ	ל	א	ק	פ	א	ד	י	א	ז	ס
ר	ב	ט	ש	ש	מ	ד	ת	ס	י	ט	ו	ו	פ
י	ה	ס	ד	ג	ק	ן	ד	ע	י	ן	ל	מ	ס
נ	מ	א	צ	ר	ל	ר	צ	פ	צ	ע	ו	ג	י
ר	ף	נ	צ	י	ר	ם	ט	א	ש	ד	ג	ר	ב
ן	י	ד	ך	ר	ו	ע	ל	ו	ן	מ	ת	כ	ו
ל	ף	ר	מ	ג	ם	ש	צ	ם	ג	ה	ד	ן	ל
ח	ד	א	ח	ו	ת	פ	ם	ר	ה	ר	ב	ג	ו
ע	ו	ר	ך	ע	ג	ל	ף	צ	ם	ה	ף	ד	ג
נ	ד	כ	ה	ם	ב	א	ד	ם	ף	ד	ה	מ	מ

מאמן
שגריר
אמן
אסטרונום
עורך דין
רקדן
בנקאי
צייד
קרטוגרף
עורך

רוקח
גיאולוג
תכשיטן
שרברב
אחות
מוזיקאי
פסנתרן
פסיכולוג
מדען
וטרינר

62 - Antartide

ר	ע	ת	ש	ם	ב	מ	ש	ם	ט	צ	ג	מ	ט
ר	מ	ה	מ	ד	ע	י	י	י	ג	ע	א	ר	מ
ג	ף	נ	ג	ד	א	נ	מ	נ	ש	פ	ו	ב	פ
ט	ת	ם	א	ש	ו	ר	ו	נ	כ	ס	ג	נ	ר
מ	ם	ר	ח	ח	ח	ל	ר	ע	מ	פ	ר	ץ	ט
ם	י	מ	ר	ו	ק	י	ן	מ	צ	נ	פ	ה	ו
י	נ	ק	ק	מ	ם	ם	ש	ת	צ	ח	י	מ	ר
י	ת	ר	ג	נ	ל	ל	ה	ג	י	ר	ה	צ	ה
א	י	ף	ת	ש	ח	כ	ב	מ	ף	ת	ש	ב	י
ם	י	כ	צ	ת	ף	ף	י	י	א	ה	י	צ	ח
ל	ו	ע	ט	מ	ף	ג	ב	מ	ם	ש	ד	ל	צ
ח	ו	ת	ח	ל	א	ט	ס	ד	ת	ן	ט	ר	ג
ש	ל	ד	מ	מ	ה	י	פ	ר	ג	ו	פ	ו	ט
ת	ד	פ	פ	ד	נ	ד	ה	פ	ג	ה	א	נ	ר

הגירה
מינרלים
עננים
חצי האי
חוקר
רוקי
מדעי
משלחת
טמפרטורה
טופוגרפיה

מים
סביבה
מפרץ
לווייתנים
שימור
יבשת
גאוגרפיה
קרחונים
קרח
איים

63 - Libri

ד	י	ט	ס	י	ר	ו	מ	ו	ה	ק	ג	ט	ר
ו	ה	ן	י	י	ר	ק	ל	ע	ו	נ	ש	ס	ל
א	מ	צ	ל	ש	מ	ן	ת	ר	ם	י	ע	כ	ו
ל	ף	ר	ף	ן	ף	ן	א	כ	ר	ג	א	ג	ו
י	כ	ע	ם	ר	ס	ד	ר	ה	ש	ר	ת	ל	נ
ו	ס	נ	ג	ש	ו	נ	ם	א	ק	ט	ג	נ	ט
ת	מ	ע	א	ח	א	ה	ן	צ	ה	ט	ה	פ	י
נ	ב	ת	ם	ר	ב	ח	מ	מ	ס	ס	ף	ד	ר
ף	י	פ	א	ף	נ	ד	ג	ה	פ	י	ב	צ	ו
ף	ד	כ	ג	ד	א	ב	ת	ק	ף	פ	צ	פ	ט
ם	ד	ף	ף	ע	א	ב	ה	ת	ר	ו	מ	ן	ס
ף	א	ב	ת	י	ת	ו	ר	פ	ס	ר	ע	ד	י
פ	ב	ף	ט	כ	ג	נ	ן	ר	א	ף	ד	ב	ה
כ	מ	ת	נ	ר	ס	כ	פ	ה	ן	נ	ן	ב	ר

דף
שירה
רלוונטי
רומן
נכתב
סדרה
סיפור
היסטורי
טרגי
הומוריסטי

מחבר
הרפתקה
אוסף
הקשר
דואליות
אפי
המצאה
ספרותית
קורא
קריין

64 - Geografia

צ	מ	מ	ל	נ	ם	מ	מ	ד	א	ט	ר	ר	ל
ב	ס	ע	ר	ה	ב	ו	ג	ע	ת	ד	ר	ף	ה
ר	ב	פ	ב	י	צ	פ	ו	ן	ר	י	ע	ס	פ
ח	צ	ב	ן	ש	ד	ע	ן	ף	ה	ב	ג	ע	צ
א	ט	ב	ד	ט	ב	י	ו	ם	ג	ה	צ	כ	נ
ה	מ	י	ס	פ	ר	ה	א	ל	א	ו	ר	ך	מ
פ	י	פ	ל	ת	ר	נ	ס	ן	ם	ב	מ	ת	ד
א	ב	ר	ט	ח	ש	ם	ד	ע	ט	ח	ת	כ	י
ז	ש	ש	א	פ	ר	ע	ד	י	ם	ו	ר	ד	נ
ו	ת	פ	א	י	צ	ד	ש	מ	פ	ה	נ	פ	ה
ר	ק	ו	ר	ו	ח	ב	ט	ג	ח	כ	ה	מ	ל
ש	ס	ם	ה	ר	ם	ד	ח	ה	ס	ם	ר	ל	ל
ר	ס	מ	ס	ב	ם	נ	ג	ב	מ	ם	ף	ש	ר
א	ג	ס	ס	כ	צ	א	א	ל	ח	ר	ר	נ	א

ים
מרידיאן
עולם
הר
צפון
מערב
מדינה
אזור
דרום
שטח

גובה
אטלס
עיר
יבשת
המיספרה
נהר
אי
קו רוחב
אורך
מפה

65 - Cibo #1

ב	צ	ר	ש	ג	ר	ן	ח	ב	ל	ר	ן	ל	ת
ף	א	ס	ע	ף	ש	ר	נ	ש	צ	ף	ו	כ	ד
א	ע	ס	ו	א	ן	ה	ס	ר	ח	ל	מ	ב	פ
ש	ש	ג	ר	ש	ב	ם	ש	ד	ף	פ	י	ת	ב
ו	ח	ש	ה	ד	ש	ת	ו	ת	ה	מ	ל	פ	ת
ם	ש	ף	ט	נ	מ	ג	ל	ג	ש	ן	ם	ב	ר
ר	נ	א	נ	ב	ו	פ	מ	מ	פ	ת	ת	ר	ת
מ	י	ץ	מ	מ	ה	ט	פ	ר	מ	א	ע	ס	ף
פ	צ	ן	נ	כ	ד	ע	ן	פ	ר	נ	ס	ר	ג
מ	נ	ח	ל	ב	ס	ו	כ	ר	ד	ל	ת	ן	ה
ש	נ	י	ע	ס	מ	ט	פ	ס	ע	ס	ג	א	ף
ר	ד	ר	ת	ג	ל	ח	פ	ה	ר	ה	ז	ת	ה
ק	י	נ	מ	ו	ן	ט	ב	ת	ב	ף	ר	ט	ס
ב	ט	ס	מ	ט	ט	ע	ג	ע	ו	ג	ה	ג	כ

שום
ריחן
קינמון
בשר
גזר
בצל
תות שדה
סלט
חלב
לימון

מנטה
שעורה
אגס
לפת
מלח
תרד
מיץ
טונה
עוגה
סוכר

66 - Etica

ס	פ	פ	א	ן	ד	ם	מ	ת	ת	כ	ל	נ	ד
ש	ב	ח	ט	ל	א	י	צ	ח	ו	ת	ח	כ	ד
י	ף	ל	ט	ל	ט	כ	ש	מ	י	ו	ש	ר	ה
ת	כ	ע	נ	ת	ב	ר	נ		ל	י	ם	י	ש
ו	ב	ן	ב	ו	ה	ע	ו	ה	נ	ש	ר	ב	פ
ף	ו	ם	ף	ש	ת	ד	כ	א	ו	ע	נ	ס	ש
פ	ד	ס	ח	ו	ו	ו	ד	י	י	מ	ע	ח	ם
ע	ר	ג	ם	נ	נ	מ	י	ט	צ	ז	נ	צ	נ
ו	כ	א	מ	א	ל	ד	ה	מ	ר	ף	ם	פ	ף
ל	ע	כ	ס	ה	ב	ר	ש	ו	י	ש	ה	ד	ן
ה	ב	ד	ב	מ	ו	ט	ס	ל	ג	ט	ר	ב	ף
ס	ת	א	נ	כ	ס	ן	נ		פ	א	פ	ן	א
א	ה	י	פ	ו	ס	ו	ל	י	פ	ף	ל	ו	א
נ	פ	ד	ד	ח	מ	ב	י	ד	נ	ע	ם	א	א

אלטרואיזם
נדיב
חמלה
שיתוף פעולה
כבוד
דיפלומטי
פילוסופיה
חסד
יושרה
יושר

אופטימיות
סבלנות
סביר
רציונליות
מעשיות
חוכמה
סובלנות
האנושות
ערכים

67 - Aeroplani

י	כ	ס	ף	א	ש	ה	ר	ע	ס	צ	ח	נ	ש
ב	ר	ס	ס	ף	ס	ף	ר	ח	כ	ף	ו	מ	ב
ל	נ	י	כ	י	ו	ו	ן	פ	ר	ף	ר	ו	מ
ו	נ	י	ד	צ	ע	ה	מ	ת	ת	ט	צ	ל	ת
ן	ו	ט	ן	ה	ן	י	י	ר	ג	ק	ח	ת	ב
ס	ס	מ	ב	י	ר	ר	מ	ק	פ	ב	ה	ח	ר
ל	ע	ח	ר	י	ו	ו	א	י	ש	ף	ר	ג	פ
מ	ו	ג	ע	נ	ע	ט	ה	ע	כ	מ	י	נ	ע
ב	נ	ג	ט	ב	צ	ס	ל	ע	צ	ת	ו	ם	נ
צ	מ	ג	ו	ב	ה	י	ם	י	ש	ן	ו	נ	ד
נ	י	ו	ו	ט	ת	ה	מ	צ	ה	ג	א	פ	ל
ת	כ	ת	כ	ט	י	ב	ה	ו	ח	נ	נ	ח	ן
ש	ת	פ	פ	מ	ח	ע	ד	ב	כ	ב	ף	ג	ת
ש	א	כ	ע	כ	נ	צ	ף	מ	מ	ת	ד	ל	ק

ירידה
צוות
מימן
מנוע
ניווט
בלון
נוסע
טייס
היסטוריה
סערה

גובה
אוויר
אווירה
נחיתה
הרפתקה
דלק
רקיע
בנייה
עיצוב
כיוון

68 - Governo

ת	ם	ש	פ	ן	ד	מ	ש	ס	א	ש	ן	מ	ד
ו	פ	ע	מ	ו	ש	ן	ח	מ	ח	ש	ע	ש	מ
א	א	ל	מ	י	ל	צ	ל	ל	פ	ס	ת	פ	ו
מ	ן	א	ד	ד	כ	י	ט	ו	פ	י	ש	ט	ק
צ	צ	ח	ס	ע	ף	ח	ט	ל	ש	מ	ד	י	ר
ע	ז	ב	ו	א	ד	י	ב	י	א	ח	ד	מ	ט
ג	כ	א	ן	ק	ד	פ	א	צ	ק	ן	י	ו	י
ד	ו	ז	ד	ו	ה	א	ד	ע	ה	ה	ב	א	ה
ד	י	ר	צ	ח	מ	צ	ש	ד	ם	ח	ו	ל	ט
ע	ו	ח	צ	פ	ו	ע	נ	ל	פ	י	ר	נ	ר
ף	ת	ו	ש	ע	א	א	ע	ח	ט	ר	ט	א	ד
ג	ל	ת	ד	פ	ה	צ	מ	ס	ע	ו	ב	ט	נ
ש	ו	ו	י	ו	ן	ד	ם	ה	צ	ת	ג	ף	א
ח	צ	ר	ט	ג	ם	ק	ג	ב	א	ש	ט	ב	א

אזרחות
אדיב
חוקה
דמוקרטיה
זכויות
דיבור
דיון
שיפוטי
צדק
עצמאות

משפטי
חוק
חירות
אנדרטה
לאומי
אומה
פוליטיקה
סמל
מצב
שוויון

69 - Bellezza

ס	ג	מ	צ	כ	ה	פ	ש	צ	ת	ף	נ	א	ע
א	א	ו	ם	כ	א	ד	ס	ת	ד	ע	נ	ל	פ
ה	ל	צ	צ	ד	ב	ס	כ	ס	א	ס	ל	ג	ל
ט	ג	ר	כ	ק	ו	ס	מ	ט	י	ק	ה	נ	ח
ב	נ	י	נ	ל	ה	פ	פ	ה	ג	ב	ף	ט	ן
ג	ט	ם	ה	ח	צ	ר	י	ח	ה	א	ל	י	פ
מ	י	מ	ר	א	ה	ב	ש	י	ר	ו	ת	י	ם
ס	ו	ה	ח	ט	ב	צ	ע	מ	ק	פ	ח	ג	י
פ	ת	ה	ם	צ	ל	ן	ש	ג	ס	מ	ג	ד	ל
ר	פ	ו	ט	ו	ג	נ	י	פ	מ	ש	ר	ף	ת
י	ע	ו	ר	ר	ב	ף	ט	ק	ת	ש	ח	ט	ל
י	ד	פ	ש	מ	נ	י	ם	צ	ס	ו	ם	כ	ת
ם	צ	צ	ש	ב	ע	ן	א	ב	א	ם	ן	ר	ת
נ	י	ח	ו	ח	ת	נ	מ	ה	ג	נ	ן	ע	ן

צבע
קוסמטיקה
אלגנטי
אלגנטיות
קסם
מספריים
פוטוגני
ניחוח
חלק
מסקרה

שמנים
עור
מוצרים
ריח
תלתלים
שפתון
שירותים
שמפו
מראה
מעצב

70 - Avventura

מ	ס	ו	כ	ן	ח	ס	ן	ש	ב	ב	ה	ג	מ
ע	ר	ף	כ	ם	א	ץ	א	צ	ף	ח	ט	נ	ס
ה	כ	נ	ה	צ	ם	מ	ה	ת	ט	י	ו	ל	ל
ח	ר	פ	ע	י	ל	ו	ת	ש	ג	ג	ש	ף	ת
מ	ל	ם	י	כ	נ	א	ה	פ	נ	ר	ר	ר	פ
ש	ד	ח	ת	ש	ם	ף	ג	ב	ת	ם	י	נ	ד
ד	ה	נ	פ	י	ו	צ	א	ד	ו	פ	ן	ם	ט
מ	ג	כ	מ	ש	ג	ע	ת	י	ק	ו	ש	י	ן
מ	ס	ט	ו	ו	י	נ	ת	ו	נ	מ	ד	ז	ה
ח	ד	ש	ב	מ	נ	ף	ה	כ	ח	פ	ט	ם	נ
ה	מ	ר	מ	ע	ח	ב	ר	י	ם	י	ע	ן	ל
מ	ס	ל	ו	ל	ע	ם	ת	ס	ב	ן	ט	ש	ש
י	ו	פ	י	ג	נ	כ	מ	ן	ט	ט	ע	ב	ב
צ	ה	ם	א	ם	ג	י	ע	ד	כ	ת	ס	ד	נ

מסלול
טבע
ניווט
חדש
הזדמנות
מסוכן
הכנה
אתגרים
בטיחות
מפתיע

חברים
פעילות
יופי
סיכוי
אומץ
יעד
קושי
טיול
שמחה
יוצא דופן

71 - Forme

ה	ח	כ	צ	נ	ד	ק	פ	ן	מ	פ	כ	ס	ף
צ	ר	ט	מ	ש	ו	ל	ש	צ	כ	ם	ן	פ	ה
א	ו	ד	פ	ח	ס	ג	ן	ל	פ	ח	ס	ש	ש
ת	ט	ח	ר	א	צ	ת	ע	ם	ן	ה	נ	י	פ
ה	ן	ש	ד	ת	מ	ן	ד	כ	ס	מ	ח	ג	ף
ם	ב	ב	צ	ש	ח	ם	פ	ל	פ	ן	צ	פ	ה
ה	ש	א	ע	מ	א	ר	ח	ד	ח	ב	צ	ד	ר
ס	ס	ג	ל	ג	ל	נ	ט	ף	ג	ל	י	ל	ש
פ	ר	ע	ו	ג	פ	צ	פ	ס	ה	מ	ל	ן	מ
י	ן	כ	צ	ה	ר	כ	ב	כ	ר	ר	ר	ט	ק
ל	ג	ע	מ	ק	ו	ב	י	י	ה	ת	ת	נ	צ
א	ה	ו	ט	נ	ה	ל	פ	כ	ט	ש	מ	ס	ו
ט	ק	צ	מ	צ	ה	י	פ	ר	ב	ו	ל	ה	ו
ע	ב	ת	כ	ב	ה	מ	ז	י	ר	פ	ק	ש	ת

פינה
קשת
קצוות
מעגל
גליל
חרוט
קובייה
עקומה
אליפסה
היפרבולה

צד
קו
סגלגל
פירמידה
מצולע
פריזמה
כיכר
מלבן
משולש

72 - Oceano

ס	א	ט	ת	מ	ת	ל	פ	ט	ת	ל	מ	ב	ט
פ	ר	ת	ע	ב	ב	ס	ל	צ	צ	כ	ר	ר	צ
מ	צ	ט	ד	צ	מ	ל	כ	ד	ח	ה	ר	נ	ד
ף	ט	צ	ן	ח	ד	ל	ס	פ	ו	ג	ש	ל	ג
ל	ל	ע	ת	מ	ח	פ	ו	ל	צ	ט	ו	נ	ה
נ	ן	ת	י	נ	ו	ש	ה	ס	ע	ר	ה	פ	ל
ר	כ	ד	ו	ב	א	ו	ט	ר	ב	נ	ד	א	ד
פ	ח	ם	ו	נ	ר	ת	ח	ב	כ	ב	ו	ל	ג
ס	ם	ת	ל	נ	ר	ו	פ	נ	ן	ת	ל	ח	נ
א	י	ל	ר	ת	ת	א	ס	ה	ט	ן	פ	ש	ס
ד	ל	ר	ת	פ	ל	ג	ו	מ	ל	א	י	ח	ה
צ	ג	ם	ה	ש	ר	י	מ	פ	ס	ד	ן	ר	נ
מ	ד	ו	ז	ה	מ	ל	ח	כ	ר	י	ש	ד	ג
ת	מ	נ	ו	ן	ע	פ	פ	ג	נ	ד	ה	ד	ש

צלופח
לוויתן
סירה
אלמוג
דולפין
שרימפס
סרטן
גאות ושפל
מדוזה
גלים

צדפה
דג
תמנון
מלח
שונית
ספוג
כריש
צב
סערה
טונה

73 - Famiglia

נ	ב	ג	ן	צ	ד	ב	א	ד	א	ע	נ	ב	א
א	ח	ו	ת	ן	ו	ע	מ	ת	נ	ן	כ	פ	י
ס	ל	צ	ת	ו	ד	ל	י	צ	א	ה	ד	ב	מ
ף	נ	ט	ל	מ	ה	ש	א	ת	ב	ס	ו	ט	ה
ב	ף	ת	ן	ד	צ	ש	ת	י	ל	ד	ד	ס	י
פ	ן	צ	א	ק	ש	מ	ט	ם	ס	פ	א	ב	ע
ע	נ	ד	ם	ב	א	ח	י	י	ן	ב	ב	א	פ
ט	ה	ג	ו	א	ה	א	ה	ד	כ	ש	א	ד	ף
ף	ם	ת	ף	ד	צ	ה	ם	ל	נ	ר	ף	נ	ב
ש	נ	ב	פ	א	ב	ף	א	י	ה	ג	ס	ם	ד
צ	ע	ף	ש	צ	ח	ת	ב	ר	ה	ת	ם	ה	נ
ב	ח	ד	ח	ס	מ	ם	ה	ר	פ	ר	ף	ט	ס
צ	ע	כ	ה	א	ע	נ	י	ח	נ	א	צ	ע	ף
מ	ד	ר	ס	מ	נ	ס	ח	ל	ח	ר	ה	ע	מ

אב קדמון
ילדים
ילד
בן דוד
בת
אח
ילדות
אימא
בעל
אימהי

אשה
אחיין
נכד
סבתא
סבא
אבא
אבהי
אחות
דודה
דוד

74 - Creatività

ט	ת	א	מ	ד	ה	א	צ	מ	ה	ט	ח	א	ת
ב	ד	ן	א	נ	ש	ב	ת	ם	ב	ח	ז	י	ח
ל	ג	ד	כ	ן	ר	ב	ו	ה	ע	ר	י	נ	ו
ר	ח	ם	מ	ע	א	ע	נ	ע	צ	מ	ו	ט	ש
כ	ו	ח	ר	י	ה	ת	מ	ו	נ	ה	נ	ו	ה
כ	א	ש	א	צ	ו	ן	ו	ל	נ	ס	ו	א	ת
נ	ו	ד	ם	ע	ס	ן	י	נ	מ	פ	ת	י	ר
ז	ת	ר	ב	צ	ר	מ	מ	ד	ו	א	ר	צ	ג
י	נ	מ	י	ת	ו	נ	מ	א	ט	י	ש	י	ש
ל	ט	ט	ט	ב	ה	י	ר	ו	ת	ע	ע	ה	ו
ו	י	י	ו	ג	ם	ן	ט	צ	כ	ו	א	ר	ת
ת	ו	ם	י	צ	ן	ד	ף	ש	ד	צ	מ	כ	ט
ר	ת	ס	פ	ו	נ	ט	נ	י	מ	מ	מ	ס	ן
ח	י	ו	נ	י	ו	ת	ג	ת	ת	ת	ש	ס	ן

מיומנות
אמנותי
אותנטיות
בהירות
דרמטי
רגשות
ביטוי
נזילות
רעיונות
דמיון

תמונה
רושם
עוצמת
אינטואיציה
המצאה
השראה
תחושה
ספונטני
חזיונות
חיוניות

75 - Veicoli

מ	ר	א	ת	י	א	ש	מ	מ	ר	ע	ט	צ	ש
ע	ק	ו	ב	מ	מ	ג	ן	א	ו	ו	ר	ק	ר
ב	ט	ט	כ	ג	ב	ע	כ	ג	ס	נ	ם	כ	כ
ו	ה	ו	ר	ת	ו	א	א	ח	י	מ	י	נ	ב
ר	ת	ב	ו	ת	ל	ל	ו	צ	ר	ת	ג	ת	ת
ת	ס	ו	ט	מ	נ	ר	ר	פ	ה	ן	י	ג	ת
ל	ן	ס	ק	ו	ס	מ	מ	כ	נ	ת	מ	צ	ח
ן	מ	א	ר	ר	פ	ס	ו	ד	ה	י	צ	ח	ת
ש	ח	ל	ט	ן	ט	ד	ד	ג	א	נ	י	ל	י
צ	נ	ת	ל	ח	ט	ע	ק	ח	מ	ו	ן	ם	ת
ן	ג	ד	ם	ע	מ	פ	ט	ח	ע	כ	ר	ד	ל
ח	צ	ן	ס	פ	ם	ס	נ	ן	ח	מ	ס	ב	נ
ב	פ	ף	ש	ד	ן	ט	ו	ל	ף	ם	ב	נ	ע
א	ח	ש	כ	ב	מ	ע	ע	ש	ן	ח	ג	ה	ט

מנוע
צמיגים
רקטה
קטנוע
צוללת
מונית
מעבורת
טרקטור
רכבת
רפסודה

מטוס
אמבולנס
מכונית
אוטובוס
סירה
אופניים
משאית
קרוואן
מסוק
רכבת תחתית

76 - Emozioni

מ	א	ה	פ	פ	ע	ך	א	מ	ט	כ	א	ת	ה
ח	ה	ע	ת	פ	ה	ד	ו	ת	ר	י	ס	א	ב
ג	ב	כ	ע	ס	צ	ח	ש	ב	צ	ע	ה	ד	ם
א	ה	ן	ד	ה	ו	פ	ר	נ	נ	ב	ה	ע	ן
פ	ף	פ	כ	ל	ר	ן	ל	ר	ש	ל	ו	ו	ה
ב	ט	ת	ר	ב	מ	ם	צ	ג	נ	ס	כ	ש	ף
א	ר	ו	ך	ס	ם	ס	מ	ש	ט	ד	ש	ד	צ
ב	ג	ף	ף	ג	פ	נ	ט	ף	ג	ה	ג	ן	ל
ל	ע	ש	ש	ש	פ	ח	א	ח	ס	ג	ה	ש	צ
א	ג	ל	ט	ל	ע	ן	ן	ד	ת	ד	ע	ג	ס
ה	ר	ב	ר	ט	ו	מ	כ	פ	ע	כ	נ	ש	ת
ד	ת	ש	ן	ת	ג	ו	ם	מ	ח	ד	ב	ע	מ
ה	ש	ף	ש	ר	ר	כ	ת	ם	ס	ש	מ	ח	ה
ם	ת	פ	נ	ט	נ	ן	ח	צ	ד	נ	ן	ח	ח

אהבה
אושר
רגוע
תוכן
נרגש
חסד
שמחה
אסיר תודה
נבוך
שעמום
שלום
פחד
כעס
אהדה
מרוצה
הפתעה
רוך
שלווה
עצב

77 - Natura

נ	ה	כ	ד	ה	א	ם	ח	ט	צ	ס	ד	ן	פ
ה	ף	ג	ד	ג	ג	ד	א	ר	ק	ט	י	נ	ם
ר	ד	א	ר	ב	כ	ה	פ	א	ב	י	פ	ו	י
ד	ם	ט	ד	ע	ם	ב	פ	צ	ס	כ	ו	ם	ל
צ	ט	ח	ט	ט	ג	כ	ר	ב	ם	י	ר	ה	ִ
כ	נ	מ	ן	ר	ב	ת	ח	ב	ע	ם	ט	ת	ָ
ש	ח	י	ק	ה	צ	ג	מ	ן	ת	ף	ל	נ	ע
י	ע	ר	ק	ר	ח	ו	ן	י	ה	ד	ק	כ	כ
צ	ד	י	נ	מ	י	ה	ע	ד	נ	ב	מ	ם	ח
ש	ו	מ	ד	ב	ר	ן	ל	ם	פ	ו	ח	ל	ד
ע	ל	ק	ף	ע	א	ד	צ	ן	ר	ר	י	ן	ן
ה	פ	ו	י	ס	צ	צ	כ	ף	א	י	ו	ח	כ
ה	ר	ע	ו	ם	י	נ	נ	ע	י	ם	ת	ח	ג
מ	ע	ף	א	ה	ף	צ	ת	ת	ח	ג	א	ב	מ

קרחון
הרים
ערפל
עננים
מקלט
צוקים
פראי
שלווה
טרופי
חיוני

חיות
דבורים
ארקטי
יופי
מדבר
דינמי
שחיקה
נהר
עָלים
יער

78 - Balletto

א	ב	ן	ר	ד	א	ן	כ	ם	ס	פ	צ	ד	ש
ס	מ	מ	ע	צ	ב	ר	מ	י	ו	מ	נ	ו	ת
ב	ג	נ	ע	ו	צ	מ	ת	ר	ו	מ	ז	ת	ף
ו	ט	נ	ו	ף	ק	ג	נ	כ	ל	ו	ג	ר	ת
ר	פ	מ	ו	ת	ה	ף	ן	ר	ה	ו	ו	ח	מ
י	מ	ב	צ	ן	י	א	ס	ן	ק	מ	ב	י	ע
א	ו	ש	ר	י	ר	י	ם	ח	מ	ד	ן	ם	פ
ו	ז	ש	ח	ז	ר	ה	ן	י	ל	מ	נ	ס	נ
ג	י	י	ר	ן	ת	ק	מ	נ	ח	ף	ה	י	מ
ר	ק	ע	נ	ה	ס	י	צ	נ	י	מ	ת	ה	ם
פ	ה	ו	ם	ף	ו	נ	ח	י	ן	נ	ר	ר	פ
י	ן	ר	ן	ן	ל	כ	פ	ד	ף	צ	ס	כ	ע
ה	ל	י	ת	ע	ו	ט	כ	ש	ש	ע	נ	פ	ט
ת	ן	ם	ג	ל	ח	נ	כ	פ	ט	פ	ט	ר	צ

שיעורים
שרירים
מוזיקה
תזמורת
תרגול
חזרה
קהל
קצב
סגנון
טכניקה

מיומנות
אמנותי
סולו
רקדנים
מלחין
כוריאוגרפיה
מביע
מחווה
חינני
עוצמת

79 - Paesi #1

ק	פ	ה	ף	א	ה	ע	ר	נ	ן	י	ל	ו	פ
מ	י	ם	ר	א	ו	ת	ס	ש	ע	ע	א	נ	ה
ב	נ	א	ח	צ	ד	פ	נ	מ	ה	ע	ר	ל	כ
ו	ל	נ	ו	ר	ו	ו	ג	י	ה	ס	ש	ג	מ
ד	נ	ט	ב	ר	ז	י	ל	ל	ב	ף	י	ר	ס
י	ד	י	ו	ט	ה	י	נ	מ	ר	ג	ו	ל	ח
ה	כ	י	ל	ג	נ	ד	ר	פ	ס	ק	ף	ר	כ
ר	נ	ו	פ	ט	פ	ע	ד	ת	ו	א	ס	ג	ח
ו	נ	צ	ו	א	ל	ה	ד	נ	ק	ר	ל	ד	ב
ר	ל	ר	ה	מ	י	ר	ר	ע	ל	י	ל	ה	מ
ת	ם	ף	צ	נ	ג	ל	ם	ן	ש	ע	נ	א	ג
ס	ע	נ	מ	ם	י	ר	צ	מ	ד	ג	ל	ב	מ
נ	ב	ו	ב	ב	נ	ר	ר	פ	ע	י	ת	ש	ם
ש	ר	ל	פ	ת	ג	פ	ה	ט	מ	צ	ן	ף	נ

ברזיל
קמבודיה
קנדה
מצרים
פינלנד
גרמניה
הודו
עיראק
ישראל
לוב
מאלי
מרוקו
נורווגיה
פנמה
פולין
רומניה
סנגל
ספרד
ונצואלה
וייטנאם

80 - Geometria

מ	ר	ה	א	ן	מ	מ	ן	ז	ן	ת	ח	מ	א
ף	ב	ן	ש	מ	ש	ו	ו	א	ה	י	כ	ס	ו
פ	ד	ס	ה	נ	ה	ו	י	ג	ב	א	ס	פ	פ
ע	ג	ג	מ	ע	י	ח	צ	מ	ו	ו	ם	ר	ק
ן	ב	א	מ	ת	צ	י	ח	ם	ג	ר	ט	ם	י
נ	ם	ע	ח	כ	ר	ש	נ	פ	א	י	ד	מ	מ
ח	ג	א	ר	ע	ו	ו	ע	ט	ק	ה	ח	ן	צ
ל	ע	נ	ם	מ	פ	ב	ה	י	ר	ט	מ	י	ס
ב	ט	כ	ש	ק	ו	פ	מ	פ	ש	ר	ט	ו	ק
ג	ת	י	ה	ב	ר	ף	ו	מ	ל	כ	ב	ת	ב
ט	ל	ט	ה	י	פ	ח	ק	ה	ק	י	ג	ו	ל
ם	ת	ב	ת	ל	נ	ת	ע	ט	ט	ע	ס	ד	מ
פ	ש	ל	ו	ש	מ	ד	ס	ת	ם	ע	מ	ח	ש
א	צ	נ	ג	ר	מ	ף	ד	מ	כ	ל	כ	כ	ש

מספר
אופקי
מקביל
פרופורציה
קטע
סימטריה
משטח
תיאוריה
משולש
אנכי

גובה
זווית
חישוב
מעגל
עקומה
קוטר
ממד
משוואה
לוגיקה
חציון

81 - Foresta Pluviale

ש	כ	ב	ו	ט	נ	י	א	ג	פ	ת	ג	ע	מ
י	ב	ק	ה	י	ל	ה	ק	ם	ט	ו	ג	ף	ק
מ	ו	ן	ל	י	ל	ף	ל	ע	ג	ד	ב	ם	ל
ו	ד	ט	ד	ף	ג	ה	י	ע	י	ר	פ	כ	ט
ר	ב	א	ע	נ	נ	י	ם	ה	ו	ש	ר	ק	י
מ	ן	כ	ב	מ	ו	ג	ם	ז	ו	י	ת	מ	נ
ב	ף	צ	ל	ט	ג	ף	ח	ף	ן	ה	ה	ב	ח
ם	ם	ט	ח	ב	ה	ש	ט	נ	מ	ם	נ	ר	נ
נ	מ	ר	ר	ע	ם	י	ק	נ	ו	י	ק	ש	ף
ח	צ	ע	ם	י	ר	ו	פ	י	צ	י	ט	ר	ח
ג	ת	ט	ר	ה	מ	י	נ	י	ם	ח	ט	כ	א
ף	ן	א	פ	ם	ת	ל	ס	ף	ש	ו	ף	ע	ד
ר	ף	פ	מ	ש	ט	ח	פ	ר	ת	ד	ג	נ	ש
ר	ר	ן	ח	ב	ת	ה	מ	פ	ס	צ	כ	ט	כ

דו-חיים
בוטני
אקלים
קהילה
גיוון
ג'ונגל
יליד
חרקים
יונקים
טחב

טבע
עננים
שימור
יקר
שחזור
מקלט
כבוד
הישרדות
מינים
ציפורים

82 - Edifici

ת	מ	ג	ד	ל	מ	מ	ו	ז	י	א	ו	ן	ד
ח	פ	ט	מ	ה	ג	פ	ה	ט	ע	ת	ש	ע	ע
ש	ת	ן	ת	ו	ש	כ	ע	ו	נ	ל	ו	ק	ש
ג	ג	ו	ר	א	ב	ם	י	ל	ו	ח	ת	י	ב
כ	ה	ר	פ	ס	ת	י	ב	א	ס	ם	ת	א	ח
נ	ם	ט	י	א	צ	ט	ד	י	ו	ן	ו	ל	מ
ד	פ	א	ח	ר	ס	ו	פ	ר	מ	ר	ק	ט	ע
ב	ן	י	ע	ן	ו	צ	ה	ד	ב	ע	מ	נ	ת
ב	ר	ת	פ	ת	כ	ת	פ	ו	ע	נ	כ	ש	ף
ד	ס	מ	ה	ף	צ	ח	צ	ת	ס	א	ד	ת	ף
ש	צ	ט	א	כ	ת	ט	מ	ג	ע	ט	א	ט	מ
א	ר	ף	ב	ר	ס	י	ה	ל	ת	ת	ל	ם	ן
פ	ל	ה	ט	י	ס	ר	ב	י	נ	ו	א	ה	ם
ב	ס	ה	ד	ר	ם	ה	ר	י	ד	פ	ף	ן	ת

שגרירות
דירה
תא
טירה
קולנוע
מפעל
אסם
מלון
מעבדה
מוזיאון

בית חולים
המצפה
הוסטל
בית ספר
אצטדיון
סופרמרקט
תיאטרון
אוהל
מגדל
אוניברסיטה

83 - Paesi #2

י	מ	ף	ד	ף	כ	צ	ה	ל	ן	ל	ג	ה	ד
פ	ק	ה	נ	י	א	ר	ק	ו	א	ש	ר	ה	נ
ן	ס	נ	מ	פ	ל	א	פ	נ	צ	ג	כ	י	ד
ע	י	י	ר	ח	ב	ר	ח	ם	ס	פ	ה	ז	א
ר	ק	ו	ק	נ	נ	ג	מ	ג	מ	ק	י	נ	ן
נ	ו	ו	י	ט	י	א	ה	צ	ה	י	ר	ו	ס
ג	ג	ן	ב	ט	ה	ג	ת	א	י	ס	ג	ד	ג
ג	ה	ה	ע	ן	ד	ע	ה	י	ס	ט	י	נ	מ
ס	ע	ן	ד	ע	נ	ד	י	פ	ו	ן	נ	י	י
ט	ו	ר	ש	ס	ג	ס	ר	ל	ר	פ	ד	א	י
ח	ה	ד	ס	פ	ו	מ	ב	נ	ה	ש	י	פ	ק
א	ם	כ	ן	ה	א	א	י	ר	ל	נ	ד	ה	ה
ם	נ	ש	ר	ף	נ	ח	ל	ל	ר	ג	ד	ן	ת
ן	ת	ף	ב	מ	א	ת	ר	ל	ב	ש	ג	מ	ל

אלבניה
דנמרק
אתיופיה
ג'מייקה
יפן
יוון
האיטי
אינדונזיה
אירלנד
לאוס

ליבריה
מקסיקו
נפאל
ניגריה
פקיסטן
רוסיה
סוריה
סודן
אוקראינה
אוגנדה

84 - Tipi di Capelli

ק	י	ר	ח	מ	ג	צ	א	א	ע	ח	ם	א	ר
ל	ת	ל	ו	ת	מ	ב	ר	ר	צ	ק	ו	ף	צ
ח	ק	ט	ף	ח	א	ע	ו	ך	כ	ס	ף	ם	ג
ס	ר	ל	ג	ט	ש	ו	ך	צ	כ	ע	ל	ט	ד
ף	פ	ג	ו	ת	מ	נ	פ	ן	ש	ט	ם	ח	ם
א	ה	ג	נ	ע	א	י	ר	ב	צ	ג	י	ב	ש
ד	ה	ש	צ	פ	ת	נ	נ	ל	כ	מ	ל	מ	ג
פ	ס	פ	ס	ב	ג	י	ב	א	ו	א	ת	ט	א
ע	ה	נ	ת	ף	נ	ד	פ	פ	ת	ג	ל	ן	ס
א	פ	ע	א	ג	ע	נ	כ	ו	ג	ט	ת	ר	ם
כ	ע	ס	ת	ל	ד	ו	ב	ר	ם	ה	כ	ף	ד
ט	נ	ל	ל	א	ס	ל	ט	ת	ף	ן	ג	ס	פ
צ	ד	ש	צ	צ	ח	ב	ח	ה	ן	ד	ג	ה	ף
צ	ם	ע	ח	ר	ז	ה	ב	ע	ר	ה	א	א	נ

ארוך
חום
רך
שחור
מתולתל
תלתלים
בריא
רזה
עבה
צמות

כסף
יבש
לבן
בלונדיני
קצר
קירח
צבעוני
אפור
קלוע
חלק

85 - Vestiti

ב	ח	ר	מ	מ	מ	ג	כ	ת	ס	נ	ל	ש	ר
ו	צ	נ	נ	ע	ס	ד	ש	ל	ה	צ	ל	ו	ח
ב	א	נ	ם	י	י	ב	ר	ג	ד	צ	צ	ע	ג
ע	י	ר	ע	ל	ת	ס	ש	ש	ד	א	פ	כ	ו
ע	ת	ם	כ	ל	ע	נ	ד	ר	צ	ה	מ	מ	ר
כ	ס	י	נ	ר	י	ל	ל	ש	ר	ח	ג	ג	ה
צ	ד	י	מ	צ	ד	ב	ם	ר	ד	ט	י	ב	מ
ע	ח	ס	צ	ג	ג	ג	י	ת	נ	כ	נ	ס	ג
פ	פ	נ	ג	ע	ם	ף	ל	ת	ם	ס	ס	ט	י
ש	פ	כ	ל	ט	י	ה	ד	ו	צ	ח	ג	ל	פ
ף	מ	מ	ה	כ	ת	ף	נ	פ	א	ו	פ	נ	ה
ן	כ	ל	ח	ג	צ	ח	ס	פ	ה	ר	מ	ט	ת
נ	ר	ד	ה	מ	מ	ת	א	ב	ס	ו	ו	ד	ר
ת	ח	ט	ד	ט	ה	ט	ר	ע	ה	ר	מ	ר	ס

כפפות
ג'ינס
סוודר
אופנה
מכנסיים
נעלי בית
פיג'מה
סנדלים
נעל
צעיף

שמלה
צמיד
גרביים
חולצה
כובע
מעיל
חגורה
שרשרת
חצאית
סינר

86 - Attività e Tempo Libero

נ	מ	צ	ד	א	ה	כ	כ	ד	ו	ר	ע	ף	מ
ס	ע	ט	ד	ח	ף	ד	כ	ל	ע	ר	ל	א	ר
י	צ	פ	ת	ע	מ	ו	נ	ת	ת	ם	צ	ס	ג
ע	פ	כ	א	ד	פ	ר	נ	ד	ח	י	ף	ה	י
ו	ע	ף	ל	ו	ג	ס	ב	ח	נ	ב	צ	ף	ע
ת	ן	ו	ה	ג	פ	ל	ן	ן	ע	י	ד	פ	ן
ט	ו	ר	ע	ל	ו	ב	ס	י	י	ב	י	א	ג
א	נ	ג	נ	י	פ	מ	ק	ר	ש	ח	ג	ב	ם
ר	י	י	ש	ש	צ	ל	י	ל	ה	ת	ד	ע	נ
א	ג	א	ס	ה	ל	ע	ג	ט	י	ו	ל	י	ם
ב	מ	מ	ד	א	ר	ם	ר	ר	ש	ח	י	י	ה
ס	ר	נ	ב	מ	מ	ס	ל	ו	ו	א	ל	ט	ף
ן	ה	ת	ו	י	נ	ק	ע	י	ן	ד	צ	ת	פ
ע	ן	ן	ג	ת	ל	ת	ד	צ	ס	ג	כ	ע	ד

אמנות
בייסבול
כדורסל
איגרוף
כדורגל
קמפינג
טיולים
גינון
גולף
תחביבים
צלילה
שחייה
כדורעף
דיג
ציור
מרגיע
קניות
גלישה
טניס
נסיעות

87 - Tecnologia

ב	ש	ח	מ	נ	ד	פ	ד	פ	ן	צ	ר	ה	ב
ר	ג	ם	ס	ח	ת	ל	ט	ל	א	ץ	ב	ו	ק
ת	ח	מ	ך	ב	פ	ו	ט	כ	א	ה	ה	ד	ה
ש	ו	ס	ף	ל	כ	ח	נ	צ	ס	ס	ם	ע	ע
ם	ל	כ	ס	ו	י	ל	ט	י	ג	י	ד	ה	ב
ן	ש	ר	נ	ג	ל	ש	נ	כ	ם	מ	א	מ	י
ג	ע	ם	ח	ה	א	ם	ר	צ	ל	ף	ש	ל	ט
ת	ח	ב	נ	ג	ו	ס	ט	ג	ף	ר	א	צ	ח
ם	א	ט	ט	ה	ט	ם	נ	ו	א	ג	ט	מ	ו
ב	נ	ג	י	ף	ר	כ	י	פ	מ	ח	ק	ר	ן
ת	ה	א	ס	ף	י	ת	א	ן	מ	ס	ף	ע	כ
י	מ	ג	צ	צ	ו	ן	ב	נ	כ	א	ן	ס	ד
ם	ס	ט	ט	י	ס	ט	י	ק	ה	ס	ח	ף	ת
ט	ט	ם	ד	ח	ף	מ	ה	ע	ש	ד	ת	נ	ח

בלוג
דפדפן
בתים
מחשב
סמן
נתונים
דיגיטלי
קובץ
גופן
אינטרנט
הודעה
מחקר
מסך
ביטחון
תוכנה
סטטיסטיקה
מצלמה
וירטואלי
נגיף

88 - Meteo

ד	ס	ע	צ	ב	ט	ף	ב	צ	ד	ו	ס	ר	נ
צ	פ	צ	ב	ע	ם	ר	ט	צ	ר	ד	ם	נ	ן
כ	ל	נ	ב	ח	_	·	ו	ר	ו	נ	ב	צ	ל
ב	ר	ק	ם	ב	מ	ן	ח	פ	מ	ר	ר	ט	ד
ש	מ	ר	ק	י	ע	ח	צ	צ	י	ו	ת	ש	ק
ע	ר	פ	ל	א	ו	ו	י	ר	ה	ט	ס	ג	צ
ס	ט	מ	פ	ר	ט	ו	ר	ה	ע	צ	ר	ע	ם
ה	ר	ע	ס	ף	ה	ו	ר	י	ק	ן	ב	כ	ה
ה	ק	נ	צ	ה	ב	ד	פ	ע	פ	נ	א	ת	א
פ	ע	ו	ר	ח	ד	א	ג	ל	ת	ע	ת	פ	ה
ק	ב	ש	ט	צ	א	ק	פ	צ	ף	ל	ן	ה	צ
ר	ר	ה	ר	ב	ף	ל	צ	ף	ד	ת	ח	ה	ח
ח	ו	ר	א	נ	ן	י	כ	י	ב	ש	א	ג	ם
מ	ו	נ	ס	ו	ן	ם	צ	ג	מ	ר	צ	ב	ט

ענן
הקוטב
בצורת
טמפרטורה
סערה
טורנדו
טרופי
רעם
הוריקן
רוח

קשת
יבש
אווירה
רוּחַ
רקיע
אקלים
ברק
קרח
מונסון
ערפל

89 - Corpo Umano

פ	א	צ	ב	ע	ן	ח	ק	ת	ר	ר	ט	נ	ס
נ	ו	ף	א	ח	ה	ג	י	ד	א	ב	ר	ר	ב
י	ז	ת	ף	ס	מ	ד	ב	נ	ש	ס	ח	ס	ר
ם	ן	כ	ט	ר	ח	ם	ה	ח	צ	מ	ל	ג	ר
ת	ג	ף	פ	ף	כ	ף	ת	ו	ח	ב	ו	ח	ג
ע	ת	ק	ף	ל	פ	ם	ו	מ	ה	ן	ס	מ	ל
נ	ף	נ	ם	ש	ך	א	א	נ	ע	נ	ר	נ	ס
ר	ף	ס	ר	ן	ר	ע	ם	ד	ס	נ	ק	ל	נ
נ	צ	ס	ש	א	ב	ס	ם	מ	ע	א	ע	ב	ל
ה	פ	נ	ס	כ	ס	ד	ח	י	ר	א	ו	ם	ב
ג	ש	ה	ף	ף	ס	ס	ן	ב	צ	ס	ר	ר	ם
ש	ט	פ	ל	ה	ל	ת	ש	ש	צ	צ	ת	כ	ל
ף	ט	ה	ד	ט	ח	ם	ף	ס	ס	כ	פ	ת	ה
ן	ב	ג	ם	צ	ת	ב	ד	ת	ם	א	ב	ש	ש

פה
קרסול
מוח
צוואר
לב
אצבע
פנים
רגל
ברך
מרפק

יד
סנטר
אף
עין
אוזן
עור
דם
כתף
קיבה
ראש

90 - Mammiferi

ה	ז	ה	ז	א	ב	נ	ר	א	ת	ב	ג	פ	ר
ר	ף	א	מ	ד	ק	פ	י	ל	ש	ם	י	ב	צ
כ	מ	ע	ב	מ	ו	ר	ו	ג	נ	ק	ר	ו	א
ג	צ	ת	כ	ע	ף	ח	ה	ד	ם	ט	פ	ד	ר
ס	ת	ש	ט	צ	ר	א	ב	ד	ג	ה	ה	א	צ
ף	ה	ה	נ	ג	כ	ב	ס	ע	ל	ע	ו	ש	ד
מ	ג	ו	ר	י	ל	ה	ו	צ	ו	ג	ר	נ	ו
פ	פ	ג	ב	ט	ף	ר	ס	ת	ו	ש	מ	נ	ל
כ	א	ר	י	ה	ף	ב	א	ט	י	ש	ן	ט	פ
כ	ל	ו	ת	ח	נ	ז	פ	ם	ת	ן	ט	פ	י
כ	ב	ב	צ	ט	ע	ר	ל	ע	ן	ח	ש	ד	ן
ד	צ	ש	ר	ט	ט	ל	ד	ט	ר	צ	ש	נ	ש
פ	ב	ח	י	ם	ש	ם	ט	ת	ת	ש	ו	ד	מ
כ	ת	ד	צ	ם	ה	ס	ד	ד	ח	ה	ר	ב	ב

ג'ירפה
גורילה
אריה
זאב
דוב
כבשים
קוף
שור
שועל
זברה

לוויתן
כלב
קנגורו
סוס
צבי
ארנב
זאב ערבות
דולפין
פיל
חתול

91 - Animali Domestici

ח	נ	ר	כ	כ	ח	ל	ע	ע	ע	נ	ל	א	ל
ת	ת	ג	ב	ש	ד	ח	כ	ב	נ	ר	א	ט	ר
ו	מ	כ	ח	ד	צ	ב	ח	ן	ה	ע	א	ש	ן
ל	י	פ	א	ת	ר	ר	צ	ו	ע	ה	ש	ן	ן
א	ם	ו	ב	נ	ן	ג	ד	ר	ח	ר	כ	צ	ח
פ	ס	ת	י	מ	ז	ו	ן	א	ל	פ	ן	ה	ת
כ	ן	ר	ף	ס	מ	א	כ	ו	ד	ה	ג	ס	ל
ה	ט	ג	א	ן	א	ע	ל	ו	ע	ש	ט	ד	ת
ו	ן	ז	ע	ן	ז	נ	ב	צ	ד	ע	ר	ע	ו
ת	ר	כ	ע	ן	ש	א	ל	ב	כ	ם	צ	ל	ל
ם	א	ע	ן	ג	כ	ל	ב	ב	ה	ש	ס	ד	ע
צ	ם	צ	ן	א	ף	ג	ד	ם	א	י	כ	ו	ת
ל	ד	ף	ס	ת	ע	ש	נ	נ	פ	ע	צ	ח	ט
ט	מ	ל	ם	ח	פ	נ	ל	ב	א	ד	ן	ר	ש

חתול
רצועה
לטאה
פרה
תוכי
דג
צב
עכבר
וטרינר
כפות

מים
כלב
עז
מזון
זנב
צווארון
ארנב
אוגר
כלבלב
חתלתול

92 - Cucina

ר	ל	ש	מ	ה	ה	ף	ם	ף	ס	ח	ן	ס	ה
נ	ם	ר	ף	ק	ר	ט	כ	ג	פ	ג	ה	ס	ל
ג	ת	ב	ת	ג	ל	מ	ה	ט	מ	מ	צ	י	ר
ש	ט	מ	ת	כ	ם	ו	ק	מ	ו	ק	ן	נ	פ
ת	ר	ב	ר	ב	נ	כ	ת	ו	י	פ	כ	ר	א
א	ף	צ	ג	ט	ם	ת	ג	א	ל	צ	ט	ט	ש
צ	ה	ג	ל	מ	י	ן	ה	י	כ	ם	ע	ס	פ
נ	ה	ש	ג	ת	נ	ו	ר	פ	ד	י	ג	צ	נ
צ	ג	נ	ר	ק	י	כ	ע	ק	ן	נ	ל	ר	ס
נ	ט	ף	י	צ	ל	ת	ק	מ	ב	י	ט	ה	פ
ת	ט	ף	ל	מ	ב	מ	ק	ר	ר	כ	ט	מ	ו
ה	ס	ע	ת	נ	ת	י	פ	מ	ח	ס	ה	ז	ג
ה	ם	כ	ד	ת	ש	צ	נ	ן	נ	ע	נ	ו	ל
ב	ו	ס	ו	ת	ו	ג	ל	ז	מ	ס	ס	ן	ח

מקלות אכילה
קומקום
כד
מזון
קערה
סכינים
מקפיא
כפיות
מזלגות
תנור

מקרר
סינר
גריל
מצקת
מתכון
תבלינים
ספוג
כוסות
מפית
צנצנת

93 - Giardinaggio

מ	ש	ת	ס	ם	נ	ט	ף	ב	מ	ה	ג	א	ע
י	נ	ו	ח	ר	פ	ס	ט	פ	ל	ן	נ	כ	ו
ם	ש	ח	ה	ב	ר	ע	ָ	ל	.	י	ם	י	נ
ה	ד	ל	מ	א	ו	ר	כ	ד	ד	א	י	ל	ת
ל	ש	ע	ש	ק	צ	ט	נ	ם	ן	ל	ע	ד	י
נ	ת	ש	פ	ל	י	ט	נ	ח	ת	ד	ר	ז	פ
מ	י	כ	ל	י	נ	מ	ן	י	צ	ג	ז	נ	ג
ש	ח	ר	כ	ם	ו	ק	א	ק	ז	ו	ט	י	פ
ר	כ	ת	ם	נ	ר	ו	ה	ד	צ	ע	פ	ר	ר
ח	ר	ן	ח	ע	נ	מ	מ	פ	מ	פ	ה	צ	י
ר	ח	ב	ע	צ	כ	פ	ד	י	ג	ט	ע	ח	ח
ט	ר	ן	פ	ח	ר	ו	א	נ	נ	ן	פ	ל	ה
ע	א	ר	כ	ב	פ	ס	ט	ט	ר	י	ל	כ	ה
צ	ל	נ	ס	ן	ג	ט	ן	ש	ג	ח	ם	ח	ה

מים
בוטני
אקלים
אכיל
קומפוסט
מיכל
אקזוטי
פריחה
פרחוני
עלה

עָלים
זר
זרעים
מינים
עפר
עונתי
אדמה
צינור
לחות

94 - Universo

ק	ס	ן	ת	ד	ך	ש	ו	ח	מ	ע	א	ת	מ
פ	ו	א	ס	ט	ר	ו	נ	ו	ם	ס	ת	ס	כ
ו	א	ר	מ	ך	ו	פ	י	ה	ם	פ	ל	ש	נ
א	ג	ס	ו	א	א	ג	מ	ג	צ	ם	מ	ו	נ
ם	ל	ב	ט	ח	ה	מ	י	ס	פ	ר	ה	ש	ל
ת	ק	ת	ג	ר	ב	כ	מ	ב	ו	ה	ר	מ	ם
ד	ס	ף	ט	י	ו	ה	ש	ה	ק	ש	י	ש	ף
ף	י	ל	ש	ט	ד	נ	פ	מ	ס	ף	ו	ר	כ
ל	ה	כ	ף	ד	ד	ע	ו	ם	ל	ח	ו	כ	כ
א	ס	ט	ר	ו	א	י	ד	מ	ט	ש	א	ב	נ
ס	ן	נ	א	צ	ם	ק	ם	נ	י	מ	ס	ו	ק
מ	צ	ס	ר	ג	ן	ר	ע	ה	ו	ה	ם	ם	ן
ת	צ	ט	ת	ו	ל	ז	מ	ה	ל	ג	ל	ג	ה
ה	א	ת	פ	ג	ל	ס	ב	ף	ג	פ	ן	נ	ס

אסטרואיד
אסטרונומיה
אסטרונום
אווירה
חושך
שמימי
רקיע
קוסמי
המיספרה
גלקסיה

קו רוחב
אורך
ירח
מסלול
אופק
שמש
היפוך
טלסקופ
גלוי
גלגל המזלות

95 - Jazz

נ	א	ף	צ	ס	ל	ם	מ	ן	ב	א	פ	ה	כ
ן	ח	ד	ש	ן	ת	ס	ם	ו	ם	מ	מ	ת	כ
ר	ג	ס	ג	ב	ן	ט	ם	ר	ע	צ	ל	ן	כ
א	א	מ	ד	מ	ג	ש	ע	ש	ד	ד	מ	ש	ע
נ	צ	ף	ל	ף	ר	ב	ע	י	צ	כ	פ	י	נ
ם	ל	כ	ב	ז	א	נ	ר	כ	ף	ש	פ	י	ל
ל	א	ת	צ	ט	ד	ק	ר	ף	פ	ד	ד	צ	ם
ש	י	ר	ג	ש	ל	ם	ו	ב	ל	א	ף	ל	י
מ	ד	ו	ר	ן	ב	ס	ת	נ	ר	ב	צ	ק	פ
נ	ש	מ	ף	ש	מ	ר	ל	ן	צ	כ	ר	ם	ו
נ	ר	ז	ף	פ	ה	ו	א	ל	ח	ר	ה	פ	ת
א	ת	ת	ף	צ	ף	פ	מ	ד	ס	ה	ט	ל	ם
ט	כ	נ	י	ק	ה	מ	מ	ו	ז	י	ק	ה	פ
נ	ה	ש	צ	ס	ג	נ	ו	ן	י	ח	ל	מ	ע

אלתור
מוזיקה
חדש
תזמורת
מועדפים
קצב
סגנון
כישרון
טכניקה
ישן

אלבום
אמן
תופים
שיר
מלחין
הרכב
קונצרט
דגש
מפורסם
ז'אנר

96 - Vacanze #2

צ	א	ה	ש	נ	ה	ג	ל	מ	ד	פ	ט	ה	ט
פ	ב	ש	ד	ע	י	מ	ס	ע	ח	פ	נ	ע	ג
ל	ע	ע	ה	ר	ו	ב	ח	ת	כ	ח	ך	כ	ך
מ	פ	ה	ת	ב	כ	ר	ה	ם	פ	ר	ו	ן	נ
ה	ה	ן	ע	כ	ד	ת	ס	מ	נ	כ	ר	ך	ם
ר	ד	ס	ו	ד	צ	ח	א	ח	א	ב	פ	ס	ח
ג	נ	י	פ	מ	ק	ג	נ	י	י	ן	ה	ר	ט
א	ט	ל	ה	ו	א	ת	מ	ו	נ	ו	ת	ת	ט
צ	ח	פ	ת	ה	ח	י	מ	ז	ע	ל	ס	ה	ס
ט	ן	ר	ן	י	ם	נ	ף	ע	ר	ב	ת	ט	ט
ד	ר	כ	ו	ן	ג	ו	צ	מ	ס	ע	ד	ה	ש
ת	ם	ג	ת	ו	ט	מ	ו	י	ז	ה	ם	ע	פ
ן	כ	ע	ג	ל	ר	כ	ב	ש	ד	צ	ל	כ	ן
א	פ	ע	ש	מ	צ	ר	ס	ף	ף	ע	ר	ת	ד

שדה תעופה
קמפינג
יעד
תמונות
מלון
אי
מפה
ים
דרכון
מסעדה

חוף
זר
מונית
פנאי
אוהל
תחבורה
רכבת
חג
מסע
ויזה

97 - Attività

א	מ	ד	ג	ה	ה	ם	פ	ן	כ	ת	ס	ה	ה
י	י	י	ד	א	ח	ב	ע	ד	ף	פ	כ	ע	ג
נ	ו	ג	ט	י	ו	ל	י	ם	פ	י	ג	ת	א
ט	מ	ף	מ	ר	נ	ת	ל	ו	נ	ר	א	ה	ג
ר	נ	ם	ס	ק	כ	ו	ו	ל	א	ה	ר	י	נ
ס	ו	ב	ר	א	מ	ד	ת	י	י	י	נ	פ	י
י	ת	ב	ל	ג	ש	י	ח	צ	ק	ו	ב	ר	פ
ם	כ	מ	ף	ט	ח	ח	א	ו	ן	ם	נ	ה	מ
פ	ע	ב	ס	ח	ק	ת	ד	ה	כ	ת	ד	פ	ק
פ	א	ס	ס	ה	י	ת	י	ף	ף	מ	נ	נ	ס
ש	פ	כ	ה	ע	ם	ד	צ	ב	ג	ו	נ	ע	ת
ג	פ	ר	ח	נ	ב	ם	ג	ף	ח	ה	ף	ן	ח
ר	נ	ם	ג	ם	ע	ר	ע	ב	ת	ו	נ	מ	א
ס	נ	א	ג	ס	ת	ט	ג	ב	מ	כ	ד	ח	ע

גינון
משחקים
אינטרסים
קריאה
קסם
דיג
תענוג
חידות
הרפיה
פנאי

מיומנות
אמנות
מלאכת יד
פעילות
ציד
קמפינג
תפירה
ריקוד
טיולים
צילום

98 - Diplomazia

מ	ד	ם	ף	ש	ד	ק	מ	ח	ט	ד	ס	צ	ר
פ	נ	י	כ	ס	י	ה	נ	מ	א	ח	ה	ל	ז
ו	ם	ח	פ	ה	ו	י	א	ט	ש	ה	ב	ף	ו
ל	ט	ר	כ	ל	ן	ל	ן	כ	ת	ל	ר	ש	ל
י	א	ז	ש	צ	ו	ה	ר	ש	ו	י	ה	ן	ו
ט	פ	א	ג	ג	ב	מ	ג	ה	נ	ב	ע	ס	צ
י	ת	ט	ר	ר	כ	נ	ט	ק	ד	צ	ה	מ	י
ק	ר	כ	י	ר	ן	פ	ה	י	י	ו	ע	ץ	ה
ה	ו	ג	ר	י	ר	ג	ש	ת	ו	פ	ש	ן	ל
פ	ן	מ	ו	ת	ה	א	כ	א	נ	צ	ל	ח	ת
ג	ר	ה	ת	ט	ש	ם	ל	ס	ן	ג	ג	ד	ף
ב	י	ט	ח	ו	ן	פ	ה	ם	ה	נ	ש	מ	ת
א	ר	ש	י	ת	ו	ף	פ	ע	ו	ל	ה	ו	ג
ה	ו	מ	נ	י	ט	ר	י	ן	ן	ן	ע	ט	ת

שגרירות
שגריר
אזרחים
קהילה
התנגשות
יועץ
שיתוף פעולה
דיפלומטי
דיון
אתיקה

צדק
ממשלה
יושרה
שפות
פוליטיקה
רזולוציה
ביטחון
פתרון
אמנה
הומניטרי

99 - Forniture Artistiche

צ	ר	ק	י	ל	י	ר	ק	א	ע	ש	צ	ש	ע
צ	ה	מ	ח	ק	ן	ש	פ	ר	פ	ג	מ	ה	ט
ת	ם	י	ע	ב	צ	נ	ח	ף	ר	ן	ש	צ	ב
ג	י	כ	מ	ד	ל	צ	ם	ו	ו	כ	ן	ר	ל
א	מ	ף	פ	ס	ט	ל	י	ם	נ	ף	א	מ	ה
ל	י	ה	ד	ט	ם	צ	ר	ר	ו	ל	ב	ר	צ
ע	ע	צ	ט	ט	ן	נ	י	ג	ת	ר	ן	נ	ה
פ	ב	ע	מ	כ	ש	ף	צ	נ	ו	ש	ב	ת	ן
ם	צ	ב	ב	ע	ב	ל	י	י	נ	ר	ג	ב	ח
צ	א	ר	ר	ר	צ	ה	ר	י	ו	ד	ש	נ	כ
ל	ר	ת	ש	ת	ח	ב	ת	ר	י	ף	ל	י	א
א	ס	ן	ו	ח	ן	ה	י	ד	ע	ד	ס	פ	ת
ג	צ	ת	ת	ם	י	מ	ו	י	ר	א	ר	פ	צ
ם	נ	ה	מ	ל	צ	מ	ת	ו	ת	ד	ח	ד	ה

מחק
רעיונות
דיו
עפרונות
שמן
פסטלים
כיסא
מברשות
טבלה
מצלמה

מים
צבעי מים
אקריליק
חרס
פחם
נייר
כן ציור
דבק
צבעים
יצירתיות

100 - Misurazioni

ה	מ	ם	ב	ל	ס	ש	ע	ט	ש	כ	ס	ב	ב
ע	ד	ג	ד	כ	ן	ע	ל	ן	נ	ל	פ	כ	כ
ן	ו	ט	צ	כ	ב	ף	ה	ל	צ	ף	צ	ג	ש
ה	ת	מ	פ	ח	ח	ע	ס	נ	ף	ט	א	ת	ם
ן	ו	ה	ק	ד	ד	ב	ש	ח	ס	ח	ף	ש	ס
ש	א	ר	ט	ד	צ	ח	פ	נ	ש	ל	ט	ל	ף
ם	ר	ג	ק	י	ל	ו	ג	ר	ם	ם	פ	ב	ע
א	י	נ	ץ	ם	א	ר	מ	א	ב	ת	ם	מ	ה
צ	ק	י	ל	ו	מ	ט	ר	ס	ע	י	ן	ט	ע
ח	ט	ת	ק	א	ט	מ	ט	א	ה	י	ת	ר	ב
ג	ס	ן	ש	ן	צ	י	י	ח	ב	ק	צ	ל	מ
ג	ת	מ	מ	ם	כ	ט	ל	א	ו	נ	ם	צ	כ
ע	ש	ר	ו	נ	י	נ	ס	מ	ג	ו	א	ף	ד
ן	צ	ס	ג	ל	ן	ס	ר	ך	ר	ו	א	ם	ל	ג

אורך
מסה
מטר
דקה
אונקיית
משקל
אינץ
עומק
טון
נפח

גובה
בית
סנטימטר
קילוגרם
קילומטר
עשרוני
תואר
גרם
רוחב
ליטר

1 - Scacchi

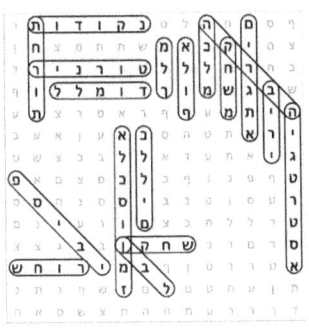

2 - Salute e Benessere #2

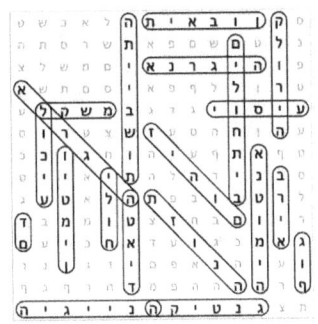

3 - Aggettivi #2

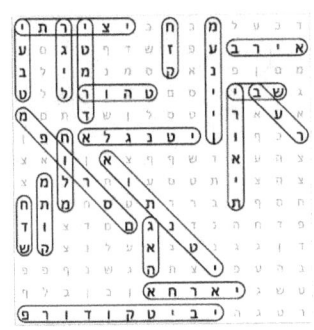

4 - Ingegneria

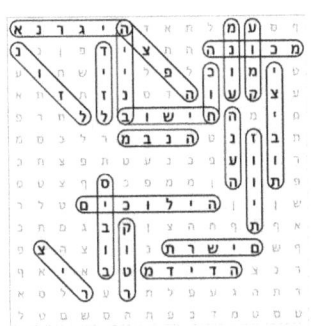

5 - Archeologia

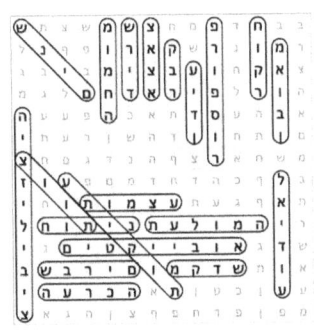

6 - Salute e Benessere #1

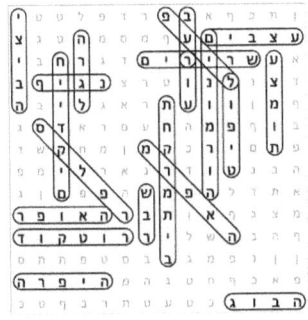

7 - Aggettivi #1

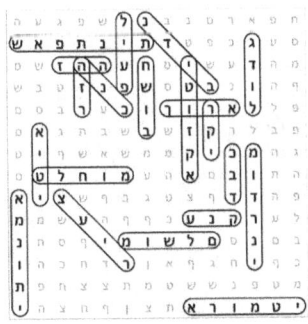

8 - Geologia

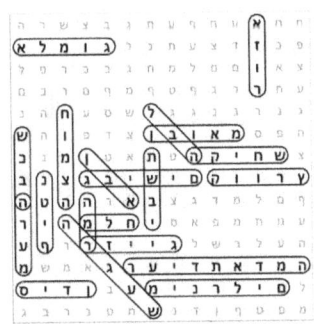

9 - Campeggio

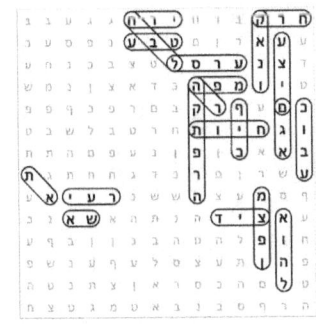

10 - Tempo

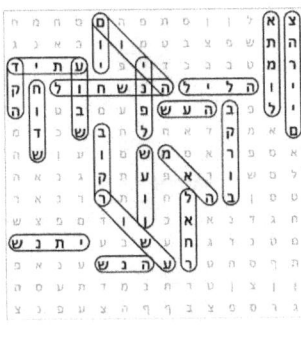

11 - Astronomia

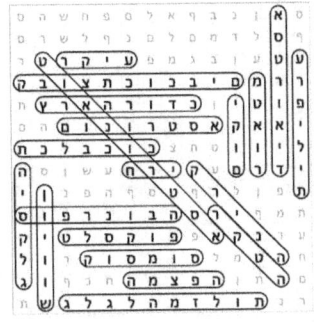

12 - Algebra

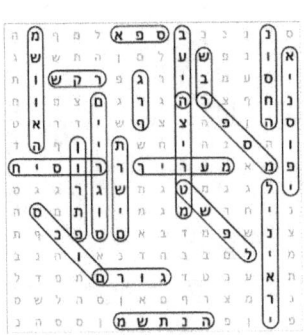

13 - Mitologia

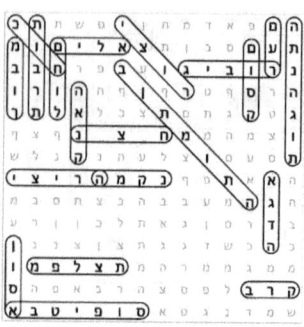

14 - Piante

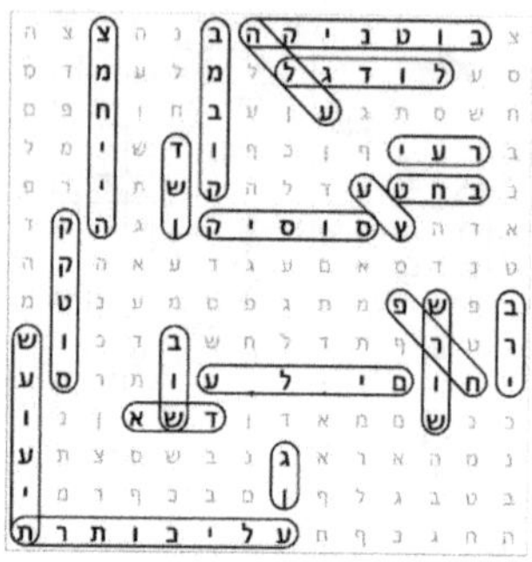

15 - Spezie

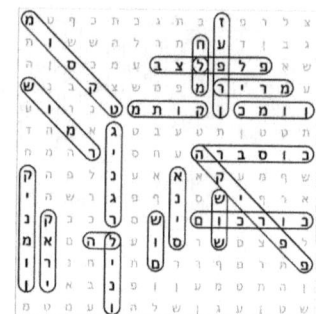

16 - Numeri

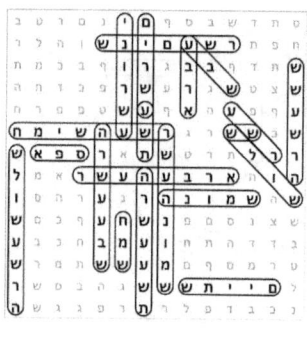

17 - Cioccolato

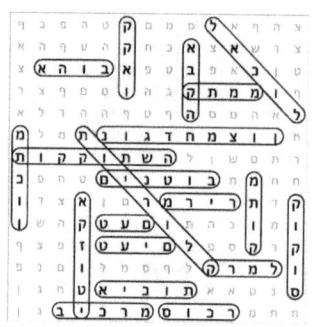

18 - Guida

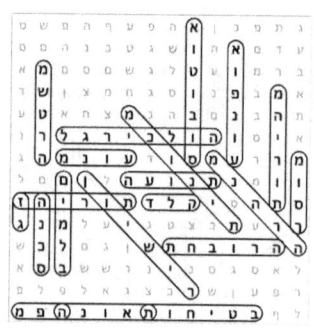

19 - I Media

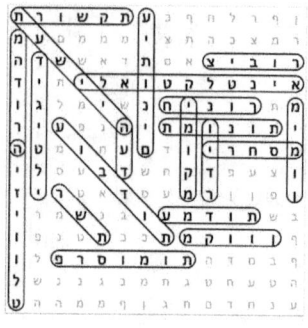

20 - Forza e Gravità

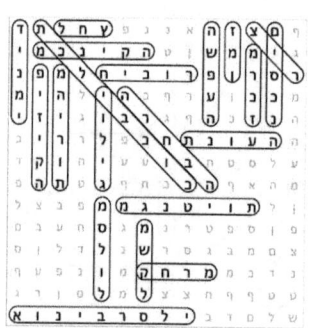

21 - Sport

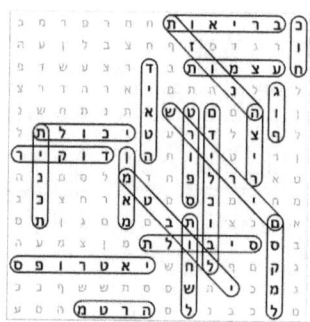

22 - Uccelli

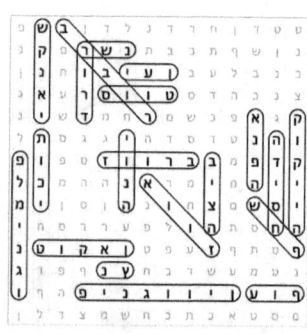

23 - Giorni e Mesi

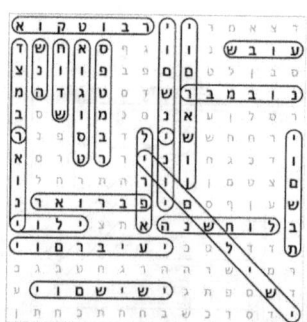

24 - Casa

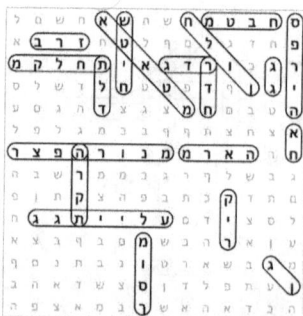

25 - Ristorante #1

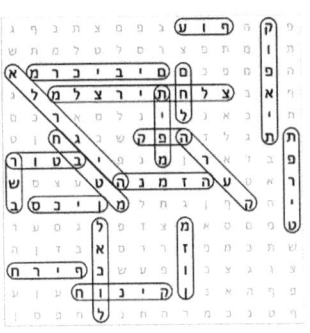

26 - Fantascienza

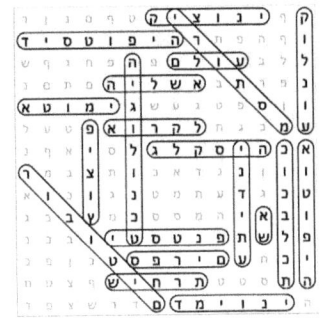

27 - Città

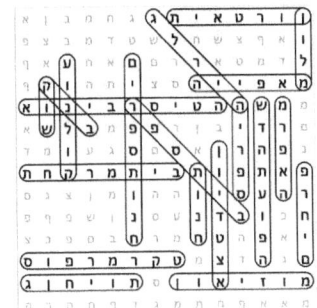

28 - Fattoria #1

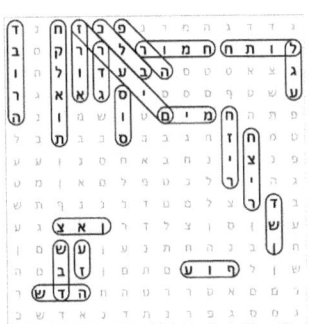

29 - Psicologia

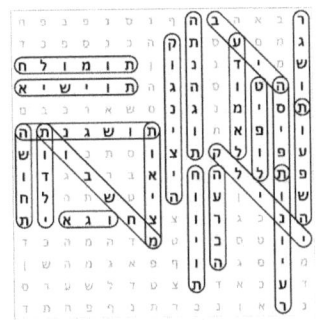

30 - Paesaggi

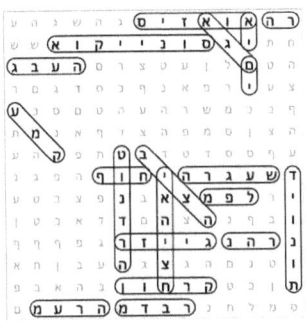

31 - Energia

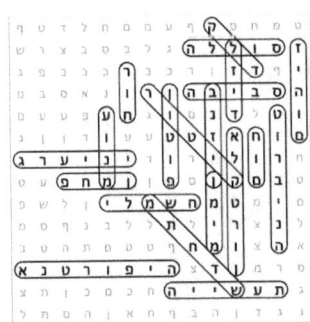

32 - Ristorante #2

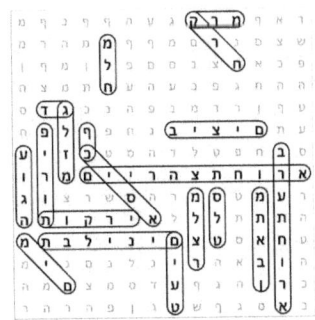

33 - Moda

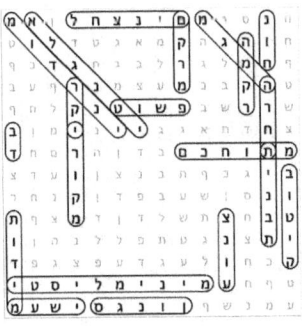

34 - L'Azienda

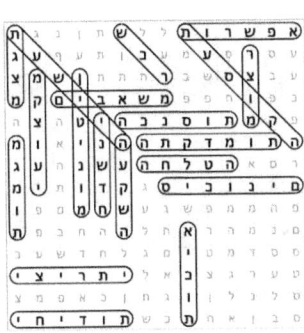

35 - Giardino

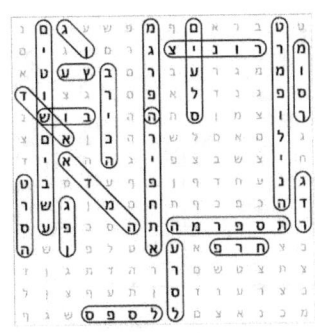

36 - Frutta

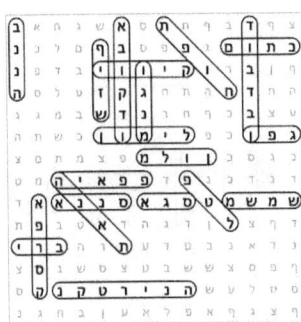

37 - Fattoria #2

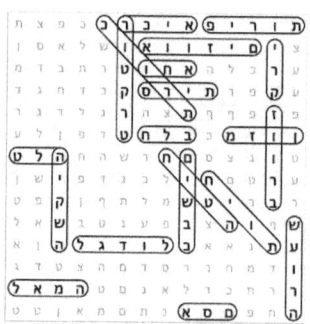

38 - Verdure

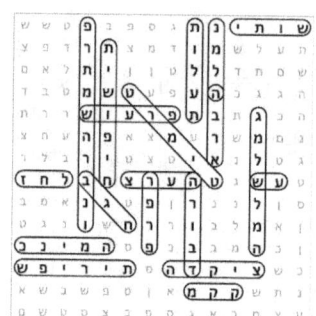

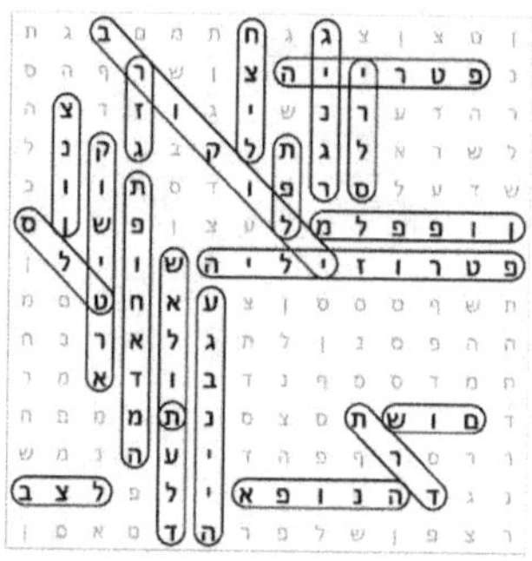

39 - Musica

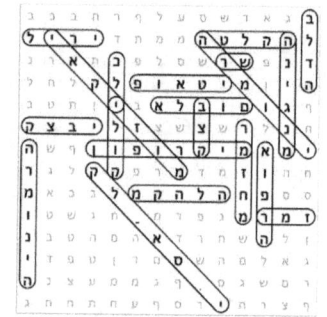

40 - Barbecue

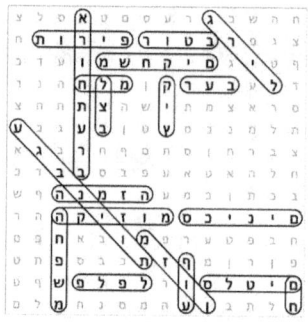

41 - Insetti

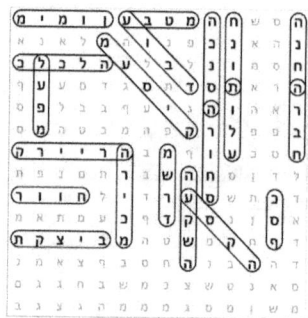

42 - Fisica

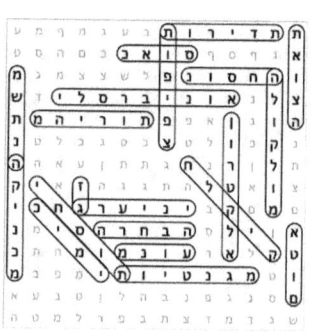

43 - Erboristeria

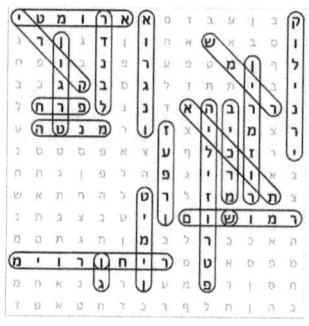

44 - Attività Commerciale

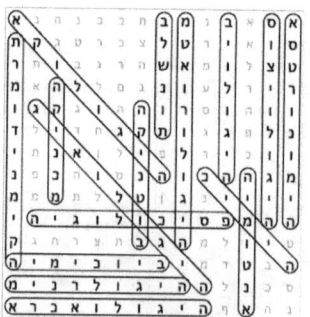

45 - Fiori

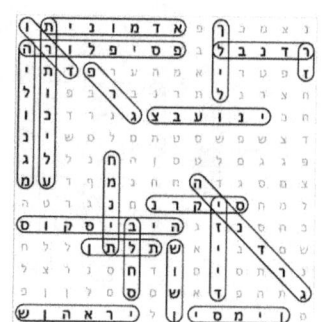

46 - Filantropia

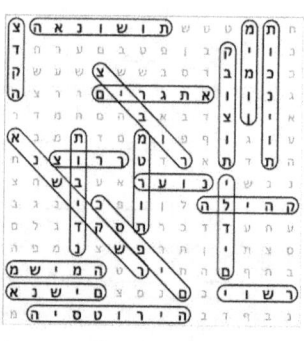

47 - Discipline Scientifiche

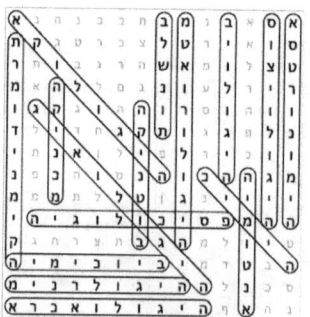

48 - Scienza

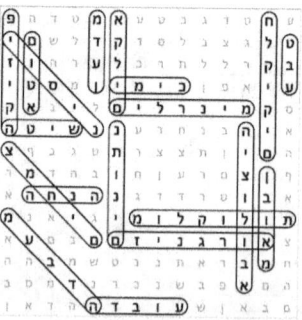

49 - Imbarcazioni

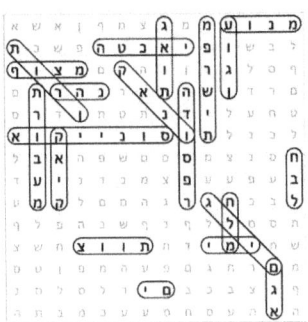

50 - Chimica

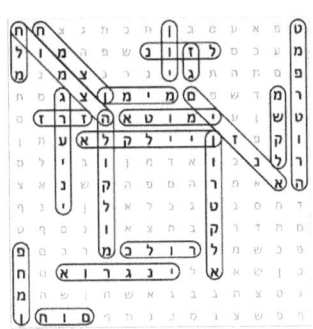

51 - Strumenti Musicali

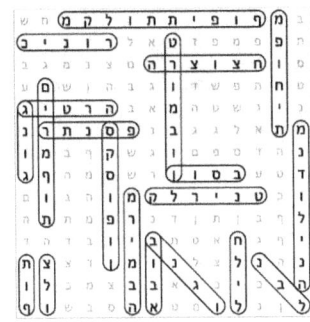

52 - Professioni #2

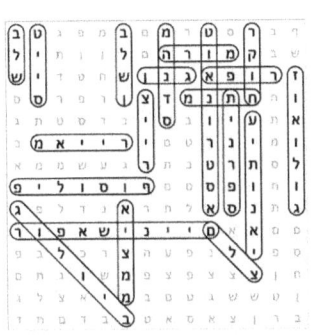

53 - Letteratura

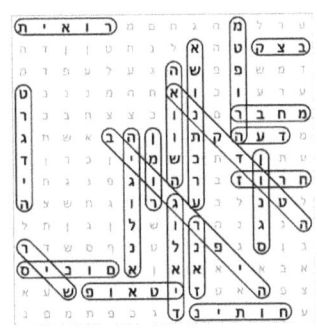

54 - Cibo #2

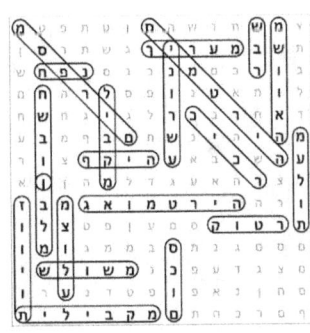

55 - Nutrizione

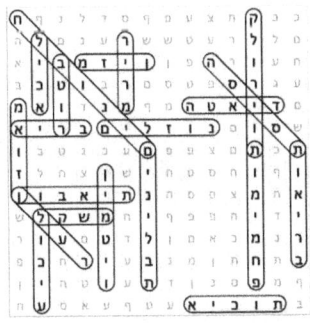

56 - Matematica

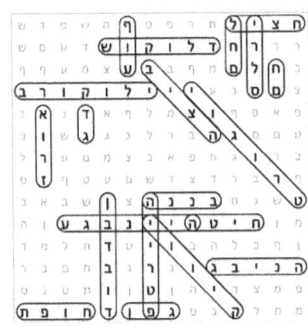

57 - Meditazione

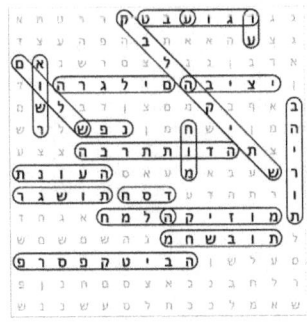

58 - Elettricità

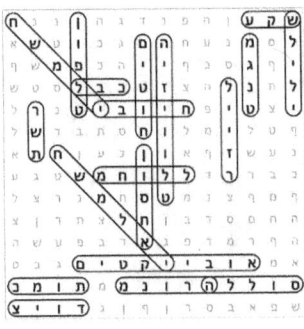

59 - Antiquariato

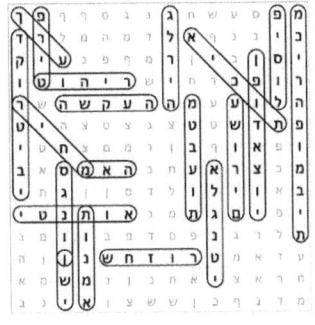

60 - Escursionismo

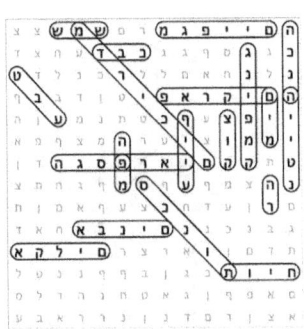

61 - Professioni #1

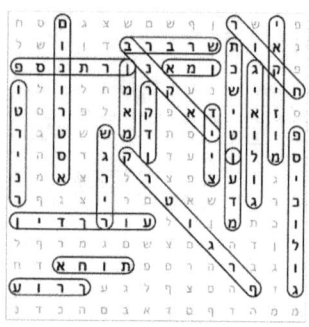

62 - Antartide

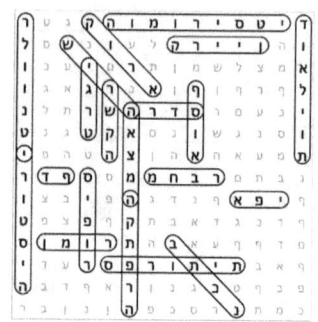

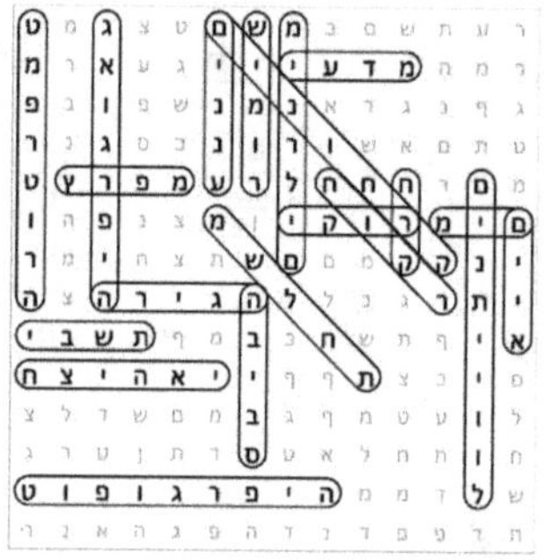

63 - Libri

64 - Geografia

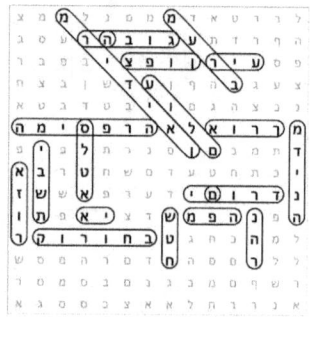

65 - Cibo #1

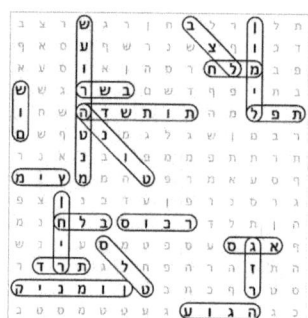

66 - Etica

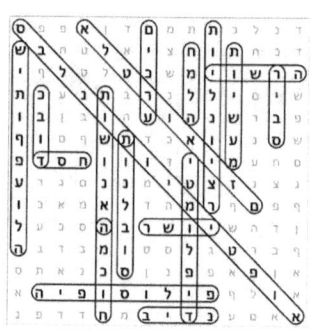

67 - Aeroplani

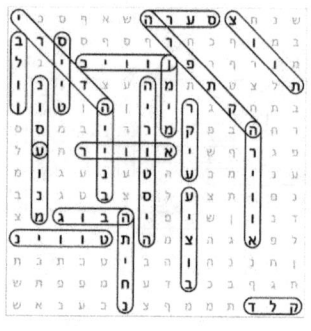

68 - Governo

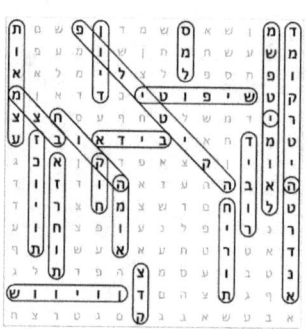

69 - Bellezza

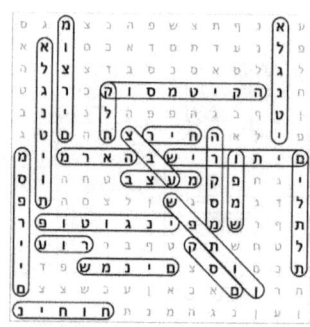

70 - Avventura

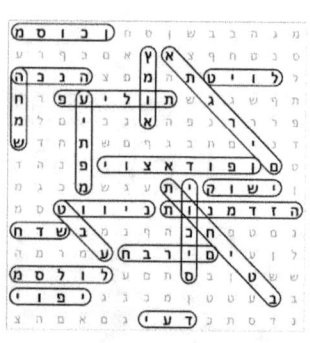

71 - Forme

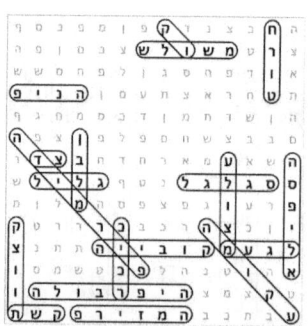

72 - Oceano

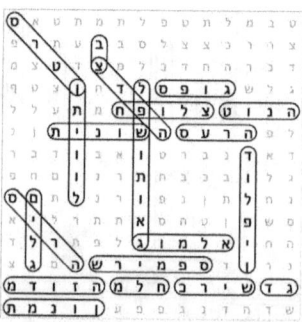

73 - Famiglia

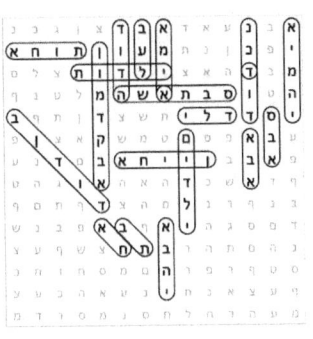

74 - Creatività

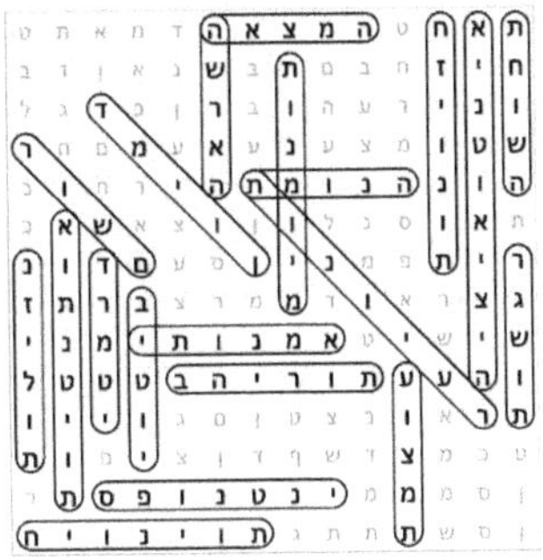

75 - Veicoli

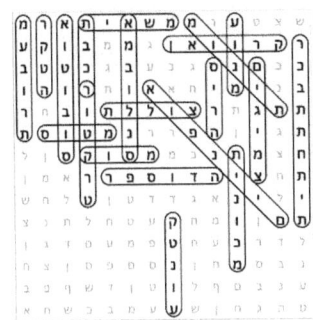

76 - Emozioni

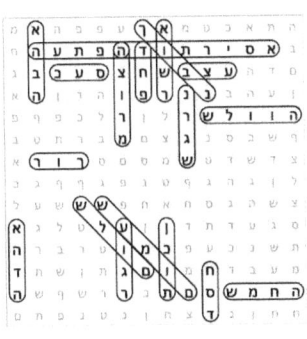

77 - Natura

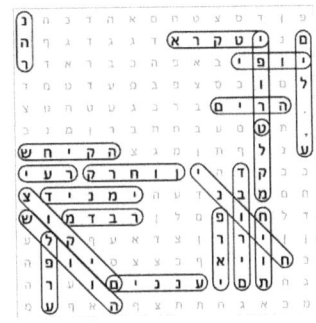

78 - Balletto

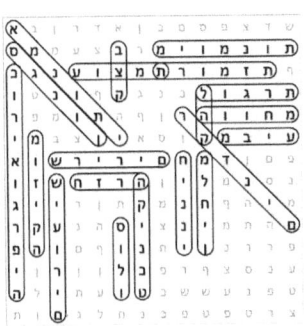

79 - Paesi #1

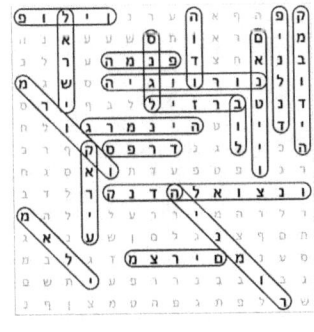

80 - Geometria

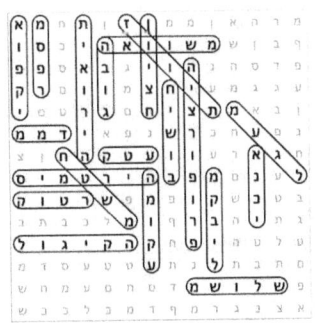

81 - Foresta Pluviale

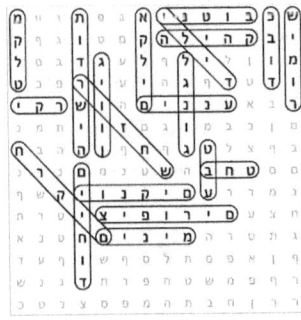

82 - Edifici

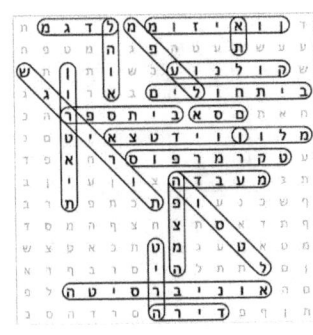

83 - Paesi #2

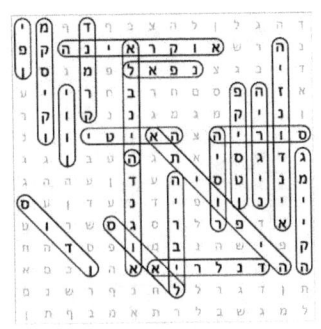

84 - Tipi di Capelli

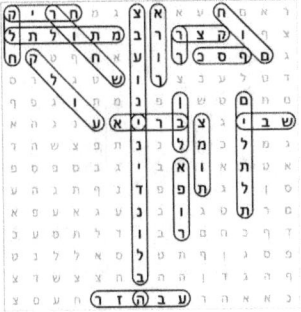

85 - Vestiti

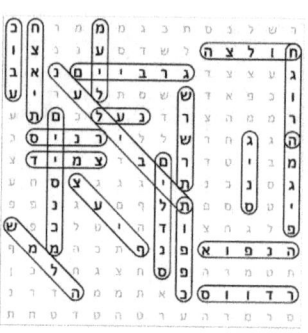

86 - Attività e Tempo Libero

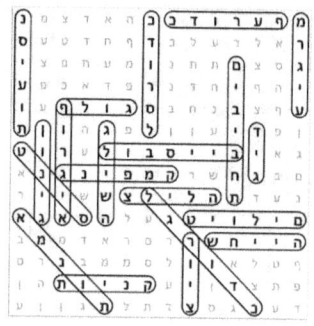

87 - Tecnologia

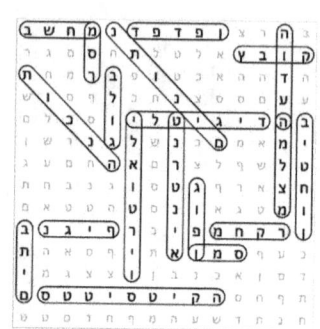

88 - Meteo

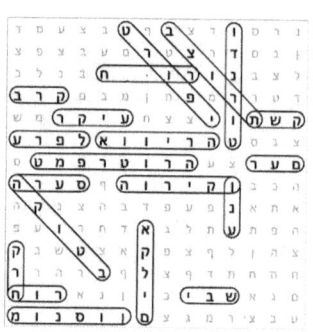

89 - Corpo Umano

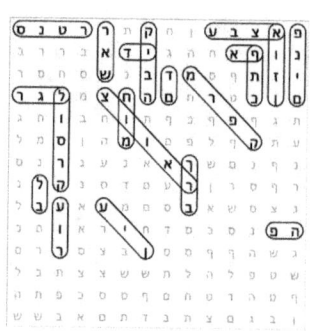

90 - Mammiferi

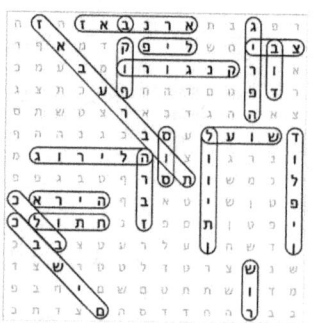

91 - Animali Domestici

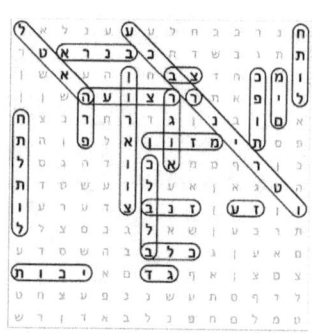

92 - Cucina

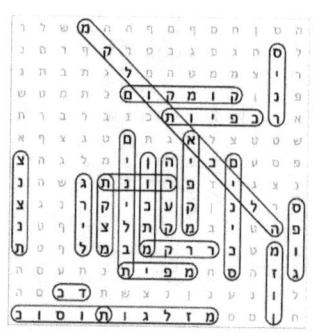

93 - Giardinaggio

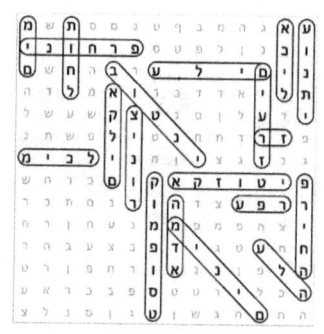

94 - Universo

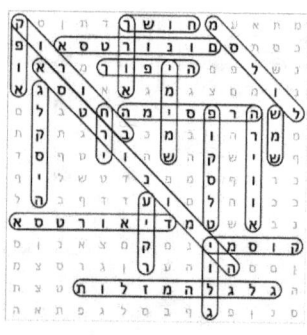

95 - Jazz

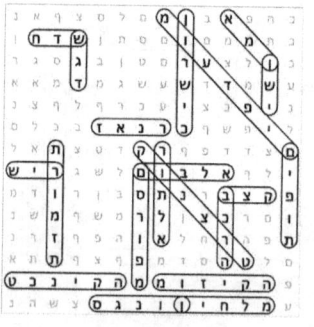

96 - Vacanze #2

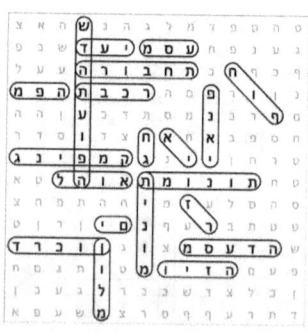

97 - Attività

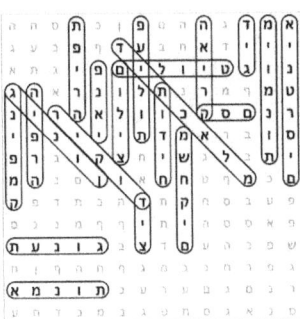

98 - Diplomazia

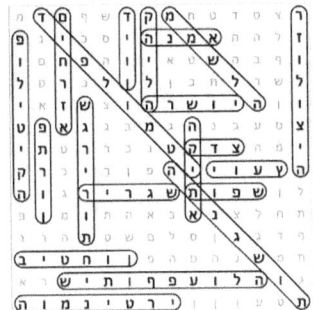

99 - Forniture Artistiche

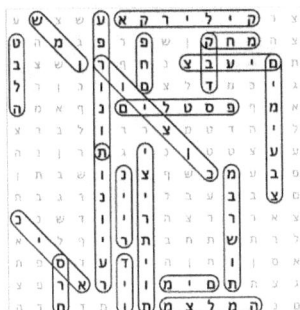

100 - Misurazioni

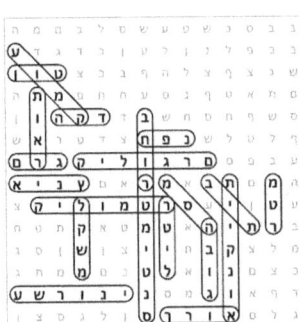

Dizionario

Aeroplani
םיסוטמ

Altezza	הבוג
Aria	ריווא
Atmosfera	הריווא
Atterraggio	התיחנ
Avventura	הקתפרה
Carburante	קלד
Cielo	עיקר
Costruzione	היינב
Design	בוציע
Direzione	ןוויכ
Discesa	הדירי
Equipaggio	תווצ
Idrogeno	ןמימ
Motore	עונמ
Navigare	טווינ
Palloncino	ןולב
Passeggero	עסונ
Pilota	סייט
Storia	הירוטסיה
Turbolenza	הרעס

Aggettivi #1
שמות ראות #1

Ambizioso	שאפתנית
Aromatico	ארומטי
Artistico	אמנותי
Assoluto	מוחלט
Attivo	פעיל
Enorme	ענק
Esotico	אקזוטי
Generoso	נדיב
Giovane	צעיר
Grande	גדול
Identico	זהה
Importante	חשוב
Lento	איטי
Lungo	ארוך
Moderno	מודרני
Onesto	נכה
Perfetto	מושלם
Pesante	כבד
Prezioso	יקר
Sottile	רזה

Aggettivi #2
שמות ראות #2

Affamato	רעב
Asciutto	יבש
Autentico	אותנטי
Creativo	יצירתי
Descrittivo	תיאורי
Dolce	מתוק
Drammatico	דרמטי
Elegante	אלגנטי
Famoso	מפורסם
Forte	חזק
Interessante	מעניין
Naturale	טבעי
Normale	רגיל
Nuovo	חדש
Orgoglioso	גאה
Produttivo	פרודוקטיבי
Puro	טהור
Responsabile	אחראי
Salato	מלוח
Sano	בריא

Algebra
אלגברה

Diagramma	תרשים
Equazione	משוואה
Esponente	מעריך
Falso	שקר
Fattore	גורם
Formula	נוסחה
Frazione	שבר
Grafico	גרף
Infinito	אינסוף
Lineare	ליניארי
Matrice	מטריצה
Numero	מספר
Parentesi	סוגריים
Problema	בעיה
Semplificare	לפשט
Soluzione	פתרון
Somma	סכום
Sottrazione	חיסור
Variabile	משתנה
Zero	אפס

Animali Domestici
חיות מחמד

Acqua	מים
Cane	כלב
Capra	עז
Cibo	מזון
Coda	זנב
Collare	צוארון
Coniglio	ארנב
Criceto	אוגר
Cucciolo	כלבלב
Gattino	חתלתול
Gatto	חתול
Guinzaglio	רצועה
Lucertola	לטאה
Mucca	פרה
Pappagallo	תוכי
Pesce	דג
Tartaruga	צב
Topo	עכבר
Veterinario	וטרינר
Zampe	כפות

Antartide
אנטארקטיקה

Acqua	מים
Ambiente	סביבה
Baia	מפרץ
Balene	לווייתנים
Conservazione	שימור
Continente	יבשת
Geografia	גאוגרפיה
Ghiacciai	קרחונים
Ghiaccio	קרח
Isole	איים
Migrazione	הגירה
Minerali	מינרלים
Nuvole	עננים
Penisola	חצי האי
Ricercatore	חוקר
Roccioso	סלעי
Scientifico	מדעי
Spedizione	משלחת
Temperatura	טמפרטורה
Topografia	טופוגרפיה

Antiquariato
עתיקות

Arte	אמנות
Articolo	פריט
Asta	מכירה פומבית
Autentico	אותנטי
Decenni	עשורים
Decorativo	דקורטיבי
Elegante	אלגנטי
Galleria	גלריה
Insolito	יוצא דופן
Investimento	השקעה
Mobilio	ריהוט
Monete	מטבעות
Prezzo	מחיר
Qualità	איכות
Restauro	שחזור
Scultura	פיסול
Secolo	מאה
Stile	סגנון
Valore	ערך
Vecchio	ישן

Archeologia
ארכיאולוגיה

Analisi	ניתוח
Anni	שנים
Antichità	עתיקות
Civiltà	ציביליזציה
Discendente	צאצא
Era	עידן
Esperto	מומחה
Fossile	מאובן
Frammenti	שברים
Mistero	תעלומה
Oggetti	אובייקטים
Ossa	עצמות
Professore	פרופסור
Reliquia	שריד
Ricercatore	חוקר
Sconosciuto	לא ידוע
Squadra	צוות
Tempio	מקדש
Tomba	קבר
Valutazione	הערכה

Astronomia
אסטרונומיה

Asteroide	אסטרואיד
Astronauta	אסטרונאוט
Astronomo	אסטרונום
Cielo	רקיע
Cosmo	קוסמוס
Costellazione	קבוצת כוכבים
Equinozio	שוויון
Galassia	גלקסיה
Luna	ירח
Meteora	מטאור
Nebulosa	ערפילית
Osservatorio	מצפה
Pianeta	כוכב לכת
Radiazione	קרינה
Razzo	רקטה
Supernova	סופרנובה
Telescopio	טלסקופ
Terra	כדור הארץ
Universo	יקום
Zodiaco	גלגל המזלות

Attività
פעילויות

Abilità	מיומנות
Arte	אמנות
Artigianato	מלאכת יד
Attività	פעילות
Caccia	ציד
Campeggio	קמפינג
Cucire	תפירה
Danza	ריקוד
Escursioni	טיולים
Fotografia	צילום
Giardinaggio	גינון
Giochi	משחקים
Interessi	אינטרסים
Lettura	קריאה
Magia	קסם
Pesca	דיג
Piacere	תענוג
Puzzle	חידות
Rilassamento	הרפיה
Tempo Libero	פנאי

Attività Commerciale
עסקים

Bilancio	תקציב
Carriera	קריירה
Costo	עלות
Datore di Lavoro	מעסיק
Dipendente	עובד
Economia	כלכלה
Fabbrica	מפעל
Finanza	מימון
Investimento	השקעה
Merce	סחורה
Negozio	חנות
Profitto	רווח
Reddito	הכנסה
Sconto	הנחה
Società	חברה
Soldi	כסף
Transazione	עסקה
Ufficio	משרד
Valuta	מטבע
Vendita	מכירה

Attività e Tempo Libero
פעילויות פנאי

Arte	אמנות
Baseball	בייסבול
Basket	כדורסל
Boxe	איגרוף
Calcio	כדורגל
Campeggio	קמפינג
Escursioni	טיולים
Giardinaggio	גינון
Golf	גולף
Hobby	תחביבים
Immersione	צלילה
Nuoto	שחייה
Pallavolo	כדורעף
Pesca	דיג
Pittura	ציור
Rilassante	מרגיע
Shopping	קניות
Surf	גלישה
Tennis	טניס
Viaggio	נסיעות

Avventura
הקתפרה

Amici	םירבח
Attività	תוליעפ
Bellezza	יפוי
Caso	יוכיס
Coraggio	ץמוא
Destinazione	דעי
Difficoltà	ישוק
Escursione	לויט
Gioia	החמש
Insolito	ןפוד אצוי
Itinerario	לולסמ
Natura	עבט
Navigazione	טוויני
Nuovo	שדח
Opportunità	תונמדזה
Pericoloso	ןכוסמ
Preparazione	הנכה
Sfide	םירגתא
Sicurezza	תוחיטב
Sorprendente	עיתפמ

Balletto
טלב

Abilità	תונמוימ
Artistico	יתונמא
Assolo	ולוס
Ballerini	םינדקר
Compositore	ןיחלמ
Coreografia	היפרגואירוכ
Espressivo	עיבמ
Gesto	הוומח
Grazioso	יניח
Intensità	תמצוע
Lezioni	םירועיש
Muscoli	םירירש
Musica	הקיזומ
Orchestra	תרומזת
Pratica	לוגרת
Prova	הרזח
Pubblico	להק
Ritmo	בצק
Stile	ןונגס
Tecnica	הקינכט

Barbecue
ויקיברב

Caldo	םח
Cena	ברע תחורא
Cibo	ןוזמ
Cipolle	לצב
Coltelli	םיניכס
Estate	ץיק
Fame	בער
Famiglia	החפשמ
Frutta	תוריפ
Giochi	םיקחשמ
Griglia	לירג
Insalate	םיטלס
Invito	הנמזה
Musica	הקיזומ
Pepe	לפלפ
Pollo	ףוע
Pomodori	תוינבגע
Pranzo	םייירהצ תחורא
Sale	חלמ
Salsa	בטור

Bellezza
יפוי

Colore	עבצ
Cosmetici	הקיטמסוק
Elegante	יטנגלא
Eleganza	תויטנגלא
Fascino	םסק
Forbici	םייירפסמ
Fotogenico	ינגוטופ
Fragranza	חוחינ
Liscio	קלח
Mascara	הרקסמ
Oli	םינמש
Pelle	רוע
Prodotti	םירצומ
Profumo	חיר
Riccioli	םילתלת
Rossetto	ןותפש
Servizi	םיתוריש
Shampoo	ופמש
Specchio	הארמ
Stilista	בצעמ

Campeggio
תואנחמ

Alberi	םיצע
Amaca	לסרע
Animali	תויח
Avventura	הקתפרה
Bussola	ןפצמ
Cabina	את
Caccia	דיצ
Canoa	ונאק
Cappello	עבוכ
Corda	לבח
Divertimento	ףיכ
Foresta	רעי
Fuoco	שא
Insetto	קרח
Lago	םגא
Luna	חרי
Mappa	הפמ
Montagna	רה
Natura	עבט
Tenda	להוא

Casa
תיב

Attico	גג תיילע
Biblioteca	הירפס
Camera	רדח
Camino	חא
Cucina	חבטמ
Doccia	תחלקמ
Finestra	ןולח
Garage	ךסומ
Giardino	ןג
Lampada	הרונמ
Parete	ריק
Pavimento	הפצר
Porta	תלד
Recinto	רדג
Rubinetto	זרב
Scopa	אטאטמ
Soffitto	הרקת
Specchio	הארמ
Tappeto	חיטש
Tetto	גג

Chimica
כימיה

Acido	חומצה
Alcalino	אלקליין
Atomico	אטומי
Calore	חום
Carbonio	פחמן
Catalizzatore	זרז
Cloro	כלור
Elettrone	אלקטרון
Enzima	אנזים
Gas	גז
Idrogeno	מימן
Ione	יון
Liquido	נוזל
Molecola	מולקולה
Nucleare	גרעיני
Organico	אורגני
Ossigeno	חמצן
Peso	משקל
Sale	מלח
Temperatura	טמפרטורה

Cibo #1
מזון #1

Aglio	שום
Basilico	ריחן
Cannella	קינמון
Carne	בשר
Carota	גזר
Cipolla	בצל
Fragola	תות שדה
Insalata	סלט
Latte	חלב
Limone	לימון
Menta	מנטה
Orzo	שעורה
Pera	אגס
Rapa	לפת
Sale	מלח
Spinaci	תרד
Succo	מיץ
Tonno	טונה
Torta	עוגה
Zucchero	סוכר

Cibo #2
מזון #2

Banana	בננה
Broccolo	ברוקולי
Ciliegia	דובדבן
Cioccolato	שוקולד
Formaggio	גבינה
Fungo	פטרייה
Grano	חיטה
Kiwi	קיווי
Mela	תפוח
Melanzana	חציל
Pane	לחם
Pesce	דג
Pollo	עוף
Pomodoro	עגבנייה
Prosciutto	חם
Riso	אורז
Sedano	סלרי
Uovo	ביצה
Uva	גפן
Yogurt	יוגורט

Cioccolato
שוקולד

Amaro	מריר
Antiossidante	נוגד חמצון
Arachidi	בוטנים
Brama	התשוקקות
Cacao	קקאו
Calorie	קלוריות
Caramella	ממתק
Caramello	קרמל
Delizioso	טעים
Dolce	מתוק
Esotico	אקזוטי
Gusto	טעם
Ingrediente	מרכיב
Mangiare	לאכול
Noce di Cocco	קוקוס
Polvere	אבקה
Preferito	אהוב
Qualità	איכות
Ricetta	מתכון
Zucchero	סוכר

Città
העיר

Aeroporto	שדה תעופה
Banca	בנק
Biblioteca	ספריה
Cinema	קולנוע
Clinica	מרפאה
Farmacia	בית מרקחת
Fiorista	פרחים
Galleria	גלריה
Hotel	מלון
Libreria	חנות ספרים
Mercato	שוק
Museo	מוזיאון
Negozio	חנות
Panetteria	מאפייה
Scuola	בית ספר
Stadio	אצטדיון
Supermercato	סופרמרקט
Teatro	תיאטרון
Università	אוניברסיטה
Zoo	גן חיות

Corpo Umano
גוף האדם

Bocca	פה
Caviglia	קרסול
Cervello	מוח
Collo	צוואר
Cuore	לב
Dito	אצבע
Faccia	פנים
Gamba	רגל
Ginocchio	ברך
Gomito	מרפק
Mano	יד
Mento	סנטר
Naso	אף
Occhio	עין
Orecchio	אוזן
Pelle	עור
Sangue	דם
Spalla	כתף
Stomaco	קיבה
Testa	ראש

Creatività
תויתריצי

Abilità	תונמוים
Artistico	יתונמא
Autenticità	תויתנתוא
Chiarezza	תוריהב
Drammatico	יטמרד
Emozioni	תושגר
Espressione	יוטיב
Fluidità	תוליזנ
Idee	תונויער
Immaginazione	ןוימד
Immagine	הנומת
Impressione	םשור
Intensità	תמצוע
Intuizione	היציאוטניא
Inventivo	האצמה
Ispirazione	הארשה
Sensazione	השוחת
Spontaneo	ינטנופס
Visioni	תונויזח
Vitalità	תויניח

Cucina
חבטמ

Bacchette	הליכא תולקמ
Bollitore	םוקמוק
Brocca	דכ
Cibo	ןוזמ
Ciotola	הרעק
Coltelli	םיניכס
Congelatore	איפקמ
Cucchiai	תויפכ
Forchette	תוגלזמ
Forno	רונת
Frigorifero	ררקמ
Grembiule	רניס
Griglia	לירג
Mestolo	תקצמ
Ricetta	ןוכתמ
Spezie	םינילבת
Spugna	גופס
Tazze	תוסוכ
Tovagliolo	תיפמ
Vaso	תנצנצ

Diplomazia
היטמולפיד

Ambasciata	תורירגש
Ambasciatore	רירגש
Cittadini	םיחרזא
Comunità	הליהק
Conflitto	תושגנתה
Consigliere	ץעוי
Cooperazione	הלועפ ףותיש
Diplomatico	יטמולפיד
Discussione	ןויד
Etica	הקיתא
Giustizia	קדצ
Governo	הלשממ
Integrità	הרשוי
Lingue	תופש
Politica	הקיטילופ
Risoluzione	היצולוזר
Sicurezza	ןוחטיב
Soluzione	ןורתפ
Trattato	הנמא
Umanitario	ירטינמוה

Discipline Scientifiche
תויעדמ תונילפיצסיד

Anatomia	הימוטנא
Archeologia	היגולואכרא
Astronomia	הימונורטסא
Biochimica	הימיכויב
Biologia	היגולויב
Botanica	הקינטוב
Chimica	הימיכ
Ecologia	היגולוקא
Fisiologia	היגולויזיפ
Geologia	היגולואיג
Immunologia	היגולונומיא
Linguistica	תונשלב
Meccanica	הקינכמ
Meteorologia	היגולורואטמ
Mineralogia	היגולרנימ
Neurologia	היגולוריונ
Psicologia	היגולוכיספ
Sociologia	היגולויצוס
Termodinamica	הקימנידומרת
Zoologia	היגולואוז

Edifici
םיניינב

Ambasciata	תורירגש
Appartamento	הריד
Cabina	את
Castello	הריט
Cinema	עונלוק
Fabbrica	לעפמ
Fienile	םסא
Hotel	ןולמ
Laboratorio	הדבעמ
Museo	ןואיזומ
Ospedale	םילוח תיב
Osservatorio	הפצמה
Ostello	לטסוה
Scuola	רפס תיב
Stadio	ןוידטצא
Supermercato	טקרמרפוס
Teatro	ןורטאית
Tenda	להוא
Torre	לדגמ
Università	הטיסרבינוא

Elettricità
למשח

Attrezzatura	דויצ
Batteria	הללוס
Cavo	לבכ
Conservazione	ןוסחא
Elettricista	יאלמשח
Elettrico	ילמשח
Fili	םיטוח
Generatore	ללוחמ
Lampada	הרונמ
Laser	רזייל
Magnete	טנגמ
Negativo	ילילש
Oggetti	םיטקייבוא
Positivo	יבויח
Presa	עקש
Quantità	תומכ
Rete	תשר
Telefono	ןופלט
Televisione	היזיוולט

Emozioni
תושגר

Amore	הבהא
Beatitudine	רשוא
Calma	עוגר
Contenuto	ןכות
Eccitato	שגרנ
Gentilezza	דסח
Gioia	החמש
Grato	הדות ריסא
Imbarazzato	ךובנ
Noia	םומעש
Pace	םולש
Paura	דחפ
Rabbia	סעכ
Simpatia	הדהא
Soddisfatto	הצורמ
Sorpresa	העתפה
Tenerezza	ךור
Tranquillità	הוולש
Tristezza	בצע

Energia
היגרנא

Ambiente	הביבס
Batteria	הללוס
Benzina	ןיזנב
Calore	םוח
Carbonio	ןמחפ
Carburante	קלד
Diesel	לזיד
Elettrico	ילמשח
Elettrone	ןורטקלא
Entropia	היפורטנא
Fotone	ןוטופ
Idrogeno	ןמימ
Industria	היישעת
Inquinamento	םוהיז
Motore	עונמ
Nucleare	יניערג
Rinnovabile	שדחתמ
Turbina	הניברוט
Vapore	רוטיק
Vento	חור

Erboristeria
אפרמ יחמצ

Aglio	םוש
Aneto	רימש
Aromatico	יטמורא
Basilico	ןחיר
Culinario	ירנילוק
Dragoncello	ןוגרט
Finocchio	רמוש
Fiore	חרפ
Giardino	ןג
Ingrediente	ביכרמ
Lavanda	רדנבל
Maggiorana	ןרוימ
Menta	הטנמ
Origano	ונגרוא
Prezzemolo	היליזורטפ
Qualità	תוכיא
Rosmarino	ןירמזור
Timo	ןימיט
Verde	קורי
Zafferano	ןרפעז

Escursionismo
םיילגר םילויט

Acqua	םימ
Animali	תויח
Campeggio	גניפמק
Clima	םילקא
Guide	םיכירדמ
Mappa	הפמ
Montagna	רה
Natura	עבט
Orientamento	תוייטנ
Parchi	םיקראפ
Pericoli	תונכס
Pesante	דבכ
Pietre	םינבא
Preparazione	הנכה
Scogliera	קוצ
Selvaggio	יארפ
Sole	שמש
Stanco	ףייע
Stivali	םייפגמ
Vertice	הגספ

Etica
הקיתא

Altruismo	םזיאורטלא
Benevolo	בידנ
Compassione	הלמח
Cooperazione	הלועפ ףותיש
Dignità	דובכ
Diplomatico	יטמולפיד
Filosofia	היפוסוליפ
Gentilezza	דסח
Integrità	הרשוי
Onestà	רשוי
Ottimismo	תוימיטפוא
Pazienza	תונלבס
Ragionevole	ריבס
Razionalità	תוילנויצר
Realismo	תוישעמ
Saggezza	המכוח
Tolleranza	תונלבוס
Umanità	תושונאה
Valori	םיכרע

Famiglia
יתחפשמ רדח

Antenato	ןומדק בא
Bambini	םידלי
Bambino	דלי
Cugino	דוד ןב
Figlia	תב
Fratello	חא
Infanzia	תודלי
Madre	אמיא
Marito	לעב
Materno	יהמיא
Moglie	השא
Nipote	ןייחא
Nipote	דכנ
Nonna	אתבס
Nonno	אבס
Padre	אבא
Paterno	יהבא
Sorella	תוחא
Zia	הדוד
Zio	דוד

Fantascienza
מדע בדיוני

Atomico	אטומי
Cinema	קולנוע
Distopia	דיסטופיה
Esplosione	פיצוץ
Estremo	קיצוני
Fantastico	פנטסטי
Fuoco	אש
Futuristico	עתידני
Galassia	גלקסיה
Illusione	אשליה
Immaginario	דמיוני
Libri	ספרים
Misterioso	מסתורי
Mondo	עולם
Oracolo	אורקל
Pianeta	כוכב לכת
Robot	רובוטים
Scenario	תרחיש
Tecnologia	טכנולוגיה
Utopia	אוטופיה

Fattoria #1
משק #1

Acqua	מים
Agricoltura	חקלאות
Ape	דבורה
Asino	חמור
Campo	שדה
Cane	כלב
Capra	עז
Cavallo	סוס
Fertilizzante	דשן
Fieno	חציר
Gatto	חתול
Gregge	צאן
Maiale	חזיר
Miele	דבש
Mucca	פרה
Pollo	עוף
Recinto	גדר
Riso	אורז
Semi	זרעים
Vitello	עגל

Fattoria #2
משק #2

Agnello	טלה
Agricoltore	איכר
Alveare	כוורת
Anatra	ברווז
Animali	חיות
Cibo	מזון
Crescere	לגדול
Fienile	אסם
Frutta	פירות
Grano	חיטה
Irrigazione	השקיה
Lama	לאמה
Latte	חלב
Mais	תירס
Oche	אווזים
Orzo	שעורה
Pecora	כבשים
Prato	אחו
Trattore	טרקטור
Verdura	ירק

Filantropia
פילנתרופיה

Bambini	ילדים
Bisogno	צורך
Carità	צדקה
Comunità	קהילה
Contatti	אנשי קשר
Finanza	מימון
Fondi	כספים
Generosità	נדיבות
Gioventù	נוער
Gruppi	קבוצות
Missione	משימה
Obiettivi	מטרות
Onestà	יושר
Persone	אנשים
Programmi	תוכניות
Pubblico	ציבור
Sfide	אתגרים
Storia	היסטוריה
Umanità	אנושות

Fiori
פרחים

Dente di Leone	שן הארי
Gardenia	גרדניה
Gelsomino	יסמין
Giglio	שושן
Girasole	חמנית
Ibisco	היביסקוס
Lavanda	לבנדר
Lilla	לילך
Magnolia	מגנוליה
Margherita	דייזי
Mazzo	זר
Narciso	נרקיס
Orchidea	סחלב
Papavero	פרג
Passiflora	פסיפלורה
Peonia	אדמונית
Petalo	עלי כותרת
Rosa	ורד
Trifoglio	תלתן
Tulipano	צבעוני

Fisica
פיזיקה

Accelerazione	תאוצה
Atomo	אטום
Caos	כאוס
Chimico	כימי
Densità	צפיפות
Elettrone	אלקטרון
Espansione	הרחבה
Formula	נוסחה
Frequenza	תדירות
Gas	גז
Magnetismo	מגנטיות
Meccanica	מכניקה
Molecola	מולקולה
Motore	מנוע
Nucleare	גרעיני
Particella	חלקיק
Relatività	יחסות
Universale	אוניברסלי
Variabile	משתנה
Velocità	מהירות

Foresta Pluviale
יערות גשם

Anfibi	דו-חיים
Botanico	בוטני
Clima	אקלים
Comunità	קהילה
Diversità	גיוון
Giungla	ג'ונגל
Indigeno	יליד
Insetti	חרקים
Mammiferi	יונקים
Muschio	טחב
Natura	טבע
Nuvole	עננים
Preservazione	שימור
Prezioso	יקר
Restauro	שחזור
Rifugio	מקלט
Rispetto	כבוד
Sopravvivenza	הישרדות
Specie	מינים
Uccelli	ציפורים

Forme
צורות

Angolo	פינה
Arco	קשת
Bordi	קצוות
Cerchio	מעגל
Cilindro	גליל
Cono	חרוט
Cubo	קובייה
Curva	עקומה
Ellisse	אליפסה
Iperbole	היפרבולה
Lato	צד
Linea	קו
Ovale	סגלגל
Piramide	פירמידה
Poligono	מצולע
Prisma	פריזמה
Quadrato	כיכר
Rettangolo	מלבן
Triangolo	משולש

Forniture Artistiche
ציוד אמנות

Acqua	מים
Acquerelli	צבעי מים
Acrilico	אקריליק
Argilla	חרס
Carbone	פחם
Carta	נייר
Cavalletto	כן ציור
Colla	דבק
Colori	צבעים
Creatività	יצירתיות
Gomma	מחק
Idee	רעיונות
Inchiostro	דיו
Matite	עפרונות
Olio	שמן
Pastelli	פסטלים
Sedia	כיסא
Spazzole	מברשות
Tavolo	טבלה
Telecamera	מצלמה

Forza e Gravità
כוח וכוח הכבידה

Asse	ציר
Attrito	חיכוך
Centro	מרכז
Dinamico	דינמי
Distanza	מרחק
Espansione	הרחבה
Fisica	פיזיקה
Impatto	השפעה
Magnetismo	מגנטיות
Meccanica	מכניקה
Movimento	תנועה
Orbita	מסלול
Peso	משקל
Pianeti	כוכבי לכת
Pressione	לחץ
Proprietà	נכסים
Scoperta	גילוי
Tempo	זמן
Universale	אוניברסלי
Velocità	מהירות

Frutta
פירות

Albicocca	משמש
Ananas	אננס
Arancia	כתום
Avocado	אבוקדו
Bacca	ברי
Banana	בננה
Ciliegia	דובדבן
Fico	תאנה
Kiwi	קיווי
Lampone	פטל
Limone	לימון
Mango	מנגו
Mela	תפוח
Melone	מלון
Nettarina	נקטרינה
Papaia	פפאיה
Pera	אגס
Pesca	אפרסק
Prugna	שזיף
Uva	גפן

Geografia
גאוגרפיה

Altitudine	גובה
Atlante	אטלס
Città	עיר
Continente	יבשת
Emisfero	המיספרה
Fiume	נהר
Isola	אי
Latitudine	קו רוחב
Longitudine	אורך
Mappa	מפה
Mare	ים
Meridiano	מרידיאן
Mondo	עולם
Montagna	הר
Nord	צפון
Ovest	מערב
Paese	מדינה
Regione	אזור
Sud	דרום
Territorio	שטח

Geologia

היגולואיג

Acido	הצמוח
Altopiano	המר
Calcio	ןדיס
Caverna	הרעמ
Continente	תשבי
Corallo	גומלא
Cristalli	םישיבג
Erosione	הקיחש
Fossile	ןבואמ
Geyser	רזייג
Lava	הבל
Minerali	םילרנימ
Pietra	ןבא
Quarzo	ץרווק
Sale	חלמ
Stalattite	ףיטנ
Strato	הבכש
Terremoto	המדא תדיער
Vulcano	שעג רה
Zona	רוזא

Geometria

הירטמואג

Altezza	הבוג
Angolo	תיווז
Calcolo	בושיח
Cerchio	לגעמ
Curva	המוקע
Diametro	רטוק
Dimensione	דממ
Equazione	האוושמ
Logica	הקיגול
Mediano	ןויצח
Numero	רפסמ
Orizzontale	יקפוא
Parallelo	ליבקמ
Proporzione	היצרופורפ
Segmento	עטק
Simmetria	הירטמיס
Superficie	חטשמ
Teoria	הירואית
Triangolo	שלושמ
Verticale	יכנא

Giardinaggio

ןוניג

Acqua	םימ
Botanico	ינטוב
Clima	םילקא
Commestibile	ליכא
Compost	טסופמוק
Contenitore	לכימ
Esotico	יטוזקא
Fiorire	החירפ
Floreale	ינוחרפ
Foglia	הלע
Fogliame	םיִלִע
Mazzo	רז
Semi	םיערז
Specie	םינימ
Sporco	רפע
Stagionale	יתנוע
Suolo	המדא
Tubo	רוניצ
Umidità	תוחל

Giardino

ןג

Albero	ץע
Amaca	לסרע
Cespuglio	שוב
Erba	אשד
Erbacce	םיטוש םיבשע
Fiore	חרפ
Garage	ךסומ
Giardino	ןג
Pala	הריפח תא
Panca	לספס
Portico	תספרמה
Rastrello	הפרגמ
Recinto	רדג
Rocce	םיעלס
Stagno	הכירב
Suolo	המדא
Terrazza	הסרט
Trampolino	הנילופמרט
Tubo	רוניצ
Vite	ןפג

Giorni e Mesi

םישדוחו םימי

Agosto	טסוגוא
Anno	הנש
Aprile	לירפא
Calendario	הנש חול
Dicembre	רבמצד
Domenica	ןושאר םוי
Febbraio	ראורבפ
Gennaio	ראוני
Giugno	ינוי
Luglio	ילוי
Lunedì	ינש םוי
Martedì	ישילש םוי
Mercoledì	יעיבר םוי
Mese	שדוח
Novembre	רבמבונ
Ottobre	רבוטקוא
Sabato	תבש םוי
Settembre	רבמטפס
Settimana	עובש
Venerdì	ישיש םוי

Governo

הלשממה

Cittadinanza	תוחרזא
Civile	ידא ב
Costituzione	הקוח
Democrazia	היטרקומד
Diritti	תויוכז
Discorso	רוביד
Discussione	ןויד
Giudiziario	יטופיש
Giustizia	קדצ
Indipendenza	תואמצע
Legale	יטפשמ
Legge	קוח
Libertà	תוריח
Monumento	הטרדנא
Nazionale	ימואל
Nazione	המוא
Politica	הקיטילופ
Simbolo	למס
Stato	בצמ
Uguaglianza	ןויווש

Guida
הגיהנ

Attenzione	תוריהז
Auto	תינוכמ
Autobus	סובוטוא
Carburante	קלד
Freni	םימלב
Garage	ךסומ
Gas	זג
Incidente	הנואת
Licenza	ןוישיר
Mappa	הפמ
Moto	עונפוא
Motore	עונמ
Pedonale	לגר יכלוה
Pericolo	הנכס
Polizia	הרטשמ
Sicurezza	תוחיטב
Traffico	העונת
Trasporto	הרובחת
Tunnel	הרהנמ
Velocità	תוריהמ

I Media
תרושקתה

Atteggiamenti	תודמע
Commerciale	ירחסמ
Comunicazione	תרושקת
Digitale	ילטיגיד
Edizione	הרודהמ
Educazione	ךוניח
Fatti	תודבוע
Finanziamento	ןומימ
Foto	תונומת
Giornali	םינותיע
Industria	היישעת
Intellettuale	ילאוטקלטניא
Locale	ימוקמ
Online	ןווקמ
Opinione	העד
Pubblicità	תומוסרפ
Pubblico	רוביצ
Radio	וידר
Rete	תשר
Televisione	היזיוולט

Imbarcazioni
תוריס

Albero	ןרות
Ancora	ןגוע
Barca a Vela	תישרפמ
Boa	ףוצמ
Canoa	ונאק
Corda	לבח
Equipaggio	תווצ
Fiume	רהנ
Kayak	קאיק
Lago	םגא
Mare	םי
Marea	תואג
Marinaio	חלמ
Motore	עונמ
Nautico	ימי
Oceano	סונייקוא
Onde	םילג
Traghetto	תרובעמ
Yacht	הטכאי
Zattera	הדוספר

Ingegneria
הסדנה

Angolo	תיווז
Asse	ריצ
Calcolo	בושיח
Costruzione	הייניב
Diagramma	םישרת
Diametro	רטוק
Diesel	לזיד
Distribuzione	הצפה
Energia	היגרנא
Forza	חוכ
Ingranaggi	םיכוליה
Liquido	לזונ
Macchina	הנוכמ
Misurazione	הדידמ
Motore	עונמ
Profondità	קמוע
Propulsione	הענה
Rotazione	בוביס
Stabilità	תוביצי
Struttura	הנבמ

Insetti
םיקרח

Afide	המינכ
Ape	הרובד
Cavalletta	בגח
Cicala	הדקיצ
Coccinella	ונבר השמ תרפ
Coleottero	תישופיח
Falena	שע
Farfalla	רפרפ
Formica	הלמנ
Larva	לחז
Libellula	תיריפש
Locusta	הברא
Mantide	המלש למג
Pulce	שוערפ
Scarafaggio	קקמ
Termite	טימרט
Verme	תעלות
Vespa	הערצ
Zanzara	שותי

Jazz
זא ' ג

Album	םובלא
Artista	ןמא
Batteria	םיפות
Canzone	ריש
Compositore	ןיחלמ
Composizione	בכרה
Concerto	טרצנוק
Enfasi	שגד
Famoso	םסרופמ
Genere	רנא'ז
Improvvisazione	רותלא
Musica	הקיזומ
Nuovo	שדח
Orchestra	תרומזת
Preferiti	םיפדעומ
Ritmo	בצק
Stile	ןונגס
Talento	ןורשיכ
Tecnica	הקינכט
Vecchio	ןשי

L'Azienda
החברה

Creativo	יצירתי
Decisione	החלטה
Industria	תעשייה
Innovativo	חדשני
Investimento	השקעה
Occupazione	תעסוקה
Possibilità	אפשרות
Presentazione	מצגת
Prodotto	מוצר
Professionale	מקצועי
Progresso	התקדמות
Qualità	איכות
Reddito	הכנסות
Reputazione	מוניטין
Rischi	סיכונים
Risorse	משאבים
Salari	שכר
Tendenze	מגמות
Unità	יחידות

Letteratura
ספרות

Analisi	ניתוח
Analogia	אנלוגיה
Aneddoto	אנקדוטה
Autore	מחבר
Biografia	ביוגרפיה
Conclusione	סיכום
Confronto	השוואה
Descrizione	תיאור
Dialogo	דיאלוג
Genere	ז'אנר
Metafora	מטפורה
Opinione	דעה
Poesia	שיר
Poetico	פואטי
Rima	חרוז
Ritmo	קצב
Romanzo	רומן
Stile	סגנון
Tema	ערכת נושא
Tragedia	טרגדיה

Libri
ספרים

Autore	מחבר
Avventura	הרפתקה
Collezione	אוסף
Contesto	הקשר
Dualità	דואליות
Epico	אפי
Inventivo	המצאה
Letterario	ספרותית
Lettore	קורא
Narratore	קריין
Pagina	דף
Poesia	שירה
Rilevante	רלוונטי
Romanzo	רומן
Scritto	כתבן
Serie	סדרה
Storia	סיפור
Storico	היסטורי
Tragico	טרגי
Umoristico	הומוריסטי

Mammiferi
יונקים

Balena	לווייתן
Cane	כלב
Canguro	קנגורו
Cavallo	סוס
Cervo	צבי
Coniglio	ארנב
Coyote	זאב ערבות
Delfino	דולפין
Elefante	פיל
Gatto	חתול
Giraffa	ג'ירפה
Gorilla	גורילה
Leone	אריה
Lupo	זאב
Orso	דוב
Pecora	כבשים
Scimmia	קוף
Toro	שור
Volpe	שועל
Zebra	זברה

Matematica
מתמטיקה

Angoli	זוויות
Aritmetica	חשבון
Decimale	עשרוני
Diametro	קוטר
Equazione	משוואה
Esponente	מעריך
Frazione	שבר
Geometria	גאומטריה
Gradi	מעלות
Numeri	מספרים
Parallelo	מקביל
Parallelogramma	מקבילית
Perimetro	היקף
Poligono	מצולע
Quadrato	כיכר
Rettangolo	מלבן
Simmetria	סימטריה
Somma	סכום
Triangolo	משולש
Volume	נפח

Meditazione
מדיטציה

Abitudini	הרגלים
Accettazione	קבלה
Calma	רוגע
Chiarezza	בהירות
Compassione	חמלה
Emozioni	רגשות
Felicità	אושר
Gentilezza	חסד
Gratitudine	הכרת תודה
Mentale	נפש
Mente	מוח
Movimento	תנועה
Musica	מוזיקה
Natura	טבע
Pace	שלום
Pensieri	מחשבות
Postura	יציבה
Prospettiva	פרספקטיבה
Silenzio	שתיקה
Sveglio	ער

Meteo
ריווא גזמ

Arcobaleno	תשק
Asciutto	שבי
Atmosfera	הריווא
Brezza	ח·ור
Cielo	עיקר
Clima	םילקא
Fulmine	קרב
Ghiaccio	חרק
Monsone	ןוסנומ
Nebbia	לפרע
Nube	ןנע
Polare	בטוקה
Siccità	תרוצב
Temperatura	הרוטרפמט
Tempesta	הרעס
Tornado	ודנרוט
Tropicale	יפורט
Tuono	םער
Uragano	ןקירוה
Vento	חור

Misurazioni
תודידמ

Altezza	הבוג
Byte	תיב
Centimetro	רטמיטנס
Chilogrammo	םרגוליק
Chilometro	רטמוליק
Decimale	ינורשע
Grado	ראות
Grammo	םרג
Larghezza	בחור
Litro	רטיל
Lunghezza	ךרוא
Massa	הסמ
Metro	רטמ
Minuto	הקד
Oncia	תייקנוא
Peso	לקשמ
Pollice	ץניא
Profondità	קמוע
Tonnellata	ןוט
Volume	חפנ

Mitologia
היגולותימ

Archetipo	סופיטבא
Comportamento	תוגהנתה
Creatura	רוצי
Creazione	הריצי
Cultura	תוברת
Disastro	ןוסא
Divinità	םילא
Eroe	רוביג
Forza	חוכ
Fulmine	קרב
Gelosia	האנק
Guerriero	םחול
Immortalità	ח_צ_נ
Labirinto	ךובמ
Leggenda	הדגא
Magico	םוסק
Mortale	התומת ןב
Mostro	תצלפמ
Tuono	םער
Vendetta	המקנ

Moda
הנפוא

Boutique	קיטוב
Caro	רקי
Confortevole	ןונח
Elegante	יטנגלא
Minimalista	יטסילמינימ
Misure	תודימ
Modello	תינבת
Moderno	ינרדומ
Modesto	עונצ
Originale	ירוקמ
Pizzo	הרחת
Pratico	ישעמ
Pulsanti	םינצחל
Ricamo	המקר
Semplice	טושפ
Sofisticato	םכחותמ
Stile	ןונגס
Tendenza	המגמ
Tessuto	דב
Trama	םקרמ

Musica
הקיסומ

Album	םובלא
Armonia	הינומרה
Armonico	ינומרה
Ballata	הדלב
Cantante	רמז
Cantare	רש
Classico	י_סא_לק
Coro	הלהקמ
Lirico	ירל
Melodia	הניגנמ
Microfono	ןופורקימ
Musicale	ירמזחמ
Musicista	יאקיזומ
Opera	הרפוא
Poetico	יטאופ
Registrazione	הטלקה
Ritmico	יבצק
Ritmo	בצק
Strumento	ילכ
Vocale	ילוק

Natura
עבט

Animali	תויח
Api	םירובד
Artico	יטקרא
Bellezza	יפוי
Deserto	רבדמ
Dinamico	ימניד
Erosione	הקיחש
Fiume	רהנ
Fogliame	םי_ל_ע
Foresta	רעי
Ghiacciaio	ןוחרק
Montagne	םירה
Nebbia	לפרע
Nuvole	םיננע
Santuario	טלקמ
Scogliere	םיקוצ
Selvaggio	יארפ
Sereno	הוולש
Tropicale	יפורט
Vitale	ינויח

Numeri
מספרים

Cinque	שמח
Decimale	עשרוני
Diciannove	תשע עשרה
Diciassette	שבע עשרה
Diciotto	שמונה עשרה
Dieci	עשר
Dodici	שנים עשר
Due	שתיים
Nove	תשע
Otto	שמונה
Quattordici	ארבע עשרה
Quattro	ארבע
Quindici	חמישה עשר
Sedici	שש עשרה
Sei	שש
Sette	שבע
Tre	שלוש
Tredici	שלוש עשרה
Venti	עשרים
Zero	אפס

Nutrizione
תזונה

Amaro	מריר
Appetito	תיאבון
Bilanciato	מאוזן
Calorie	קלוריות
Carboidrati	פחמימות
Commestibile	אכיל
Dieta	דיאטה
Digestione	עיכול
Fermentazione	תסיסה
Liquidi	נוזלים
Nutriente	מזין
Peso	משקל
Proteine	חלבונים
Qualità	איכות
Salsa	רוטב
Salute	בריאות
Sano	בריא
Spezie	תבלינים
Tossina	רעל
Vitamina	ויטמין

Oceano
אוקיינוס

Anguilla	צלופח
Balena	לוויתן
Barca	סירה
Corallo	אלמוג
Delfino	דולפין
Gamberetto	שרימפס
Granchio	סרטן
Maree	גאות ושפל
Medusa	מדוזה
Onde	גלים
Ostrica	צדפה
Pesce	דג
Polpo	תמנון
Sale	מלח
Scogliera	שונית
Spugna	ספוג
Squalo	כריש
Tartaruga	צב
Tempesta	סערה
Tonno	טונה

Paesaggi
נופים

Cascata	מפל
Collina	גבעה
Deserto	מדבר
Dune	דיונות
Fiume	נהר
Geyser	גייזר
Ghiacciaio	קרחון
Grotta	מערה
Isola	אי
Lago	אגם
Mare	ים
Montagna	הר
Oasi	אואזיס
Oceano	אוקיינוס
Palude	ביצה
Penisola	חצי אי
Spiaggia	חוף
Tundra	טונדרה
Valle	עמק
Vulcano	הר געש

Paesi #1
מדינות #1

Brasile	ברזיל
Cambogia	קמבודיה
Canada	קנדה
Egitto	מצרים
Finlandia	פינלנד
Germania	גרמניה
India	הודו
Iraq	עיראק
Israele	ישראל
Libia	לוב
Mali	מאלי
Marocco	מרוקו
Norvegia	נורווגיה
Panama	פנמה
Polonia	פולין
Romania	רומניה
Senegal	סנגל
Spagna	ספרד
Venezuela	ונצואלה
Vietnam	וייטנאם

Paesi #2
מדינות #2

Albania	אלבניה
Danimarca	דנמרק
Etiopia	אתיופיה
Giamaica	ג'מייקה
Giappone	יפן
Grecia	יוון
Haiti	האיטי
Indonesia	אינדונזיה
Irlanda	אירלנד
Laos	לאוס
Liberia	ליבריה
Messico	מקסיקו
Nepal	נפאל
Nigeria	ניגריה
Pakistan	פקיסטן
Russia	רוסיה
Siria	סוריה
Sudan	סודן
Ucraina	אוקראינה
Uganda	אוגנדה

Piante

םיחמצ

Albero	ץע
Bacca	הרי
Bambù	קובמב
Botanica	הקינטוב
Cactus	סוטקק
Cespuglio	חיש
Crescere	לודגל
Edera	סוסיק
Erba	אשד
Fagiolo	תיעועש
Fertilizzante	ןשד
Fiore	חרפ
Foglia	הלע
Fogliame	םי.ל.ע
Foresta	רעי
Giardino	ןג
Muschio	בחט
Petalo	תרתוכ ילע
Radice	שרוש
Vegetazione	הייחמצ

Professioni #1

תועוצקמ #1

Allenatore	ןמאמ
Ambasciatore	רירגש
Artista	ןמא
Astronomo	םונורטסא
Avvocato	ןיד ךרוע
Ballerino	ןדקר
Banchiere	יאקנב
Cacciatore	דייצ
Cartografo	ףרגוטרק
Editore	ךרוע
Farmacista	חקור
Geologo	גולואיג
Gioielliere	ןטישכת
Idraulico	ברברש
Infermiera	תוחא
Musicista	יאקיזומ
Pianista	ןרתנספ
Psicologo	גולוכיספ
Scienziato	ןעדמ
Veterinario	רנירטו

Professioni #2

תועוצקמ #2

Astronauta	טואנורטסא
Bibliotecario	תינרפס
Biologo	גולויב
Chirurgo	חתנמ
Dentista	םייניש אפור
Detective	שלב
Filosofo	ףוסוליפ
Fotografo	םלצ
Giardiniere	ןנג
Giornalista	יאנותיע
Illustratore	רייאמ
Ingegnere	סדנהמ
Insegnante	הרומ
Inventore	איצממ
Linguista	ןשלב
Medico	אפור
Pilota	סייט
Pittore	רייצ
Ricercatore	רקוח
Zoologo	גולואוז

Psicologia

היגולוכיספ

Clinico	ינילק
Cognizione	היצינגוק
Comportamento	תוגהנתה
Conflitto	תושגנתה
Ego	וגא
Emozioni	תושגר
Esperienze	תויווח
Idee	תונויער
Inconscio	עדומ אל
Infanzia	תודלי
Influenze	תועפשה
Pensieri	תובשחמ
Percezione	הסיפת
Personalità	תושיא
Problema	היעב
Realtà	תואיצמ
Sensazione	השוחת
Sogni	תומולח
Terapia	לופיט
Valutazione	הכרעה

Ristorante #1

הדעסמ #1

Allergia	היגרלא
Caffè	הפק
Cameriera	תירצלמ
Carne	רשב
Cassiere	ןיאפוק
Cibo	ןוזמ
Ciotola	הרעק
Coltello	ןיכס
Cucina	חבטמ
Dessert	חוניק
Ingredienti	םיביכרמ
Mangiare	לוכאל
Menù	טירפת
Pane	םחל
Piatto	תחלצ
Piccante	ףירח
Pollo	ףוע
Prenotazione	הנמזה
Salsa	בטור
Tovagliolo	תיפמ

Ristorante #2

הדעסמ #2

Acqua	םימ
Aperitivo	ןובאתמ
Cameriere	רצלמ
Cena	ברע תחורא
Cucchiaio	ףכ
Delizioso	םיעט
Forchetta	גלזמ
Frutta	תוריפ
Ghiaccio	חרק
Insalata	טלס
Minestra	קרמ
Pesce	גד
Pranzo	םיירהצ תחורא
Sale	חלמ
Sedia	אסיכ
Spezie	םינילבת
Torta	הגוע
Uova	םיציב
Verdure	תוקרי

Salute e Benessere #1
1# בריאות ורבואית

Abitudine	הרגל
Altezza	גובה
Attivo	פעיל
Batteri	חיידקים
Clinica	מרפאה
Fame	רעב
Farmacia	בית מרקחת
Frattura	שבר
Medicina	רופאה
Medico	דוקטור
Muscoli	שרירים
Nervi	עצבים
Ormoni	הורמונים
Ossa	עצמות
Pelle	עור
Postura	יציבה
Riflesso	רפלקס
Rilassamento	הרפיה
Trattamento	טיפול
Virus	נגיף

Salute e Benessere #2
2# בריאות ורבואית

Allergia	אלרגיה
Anatomia	אנטומיה
Appetito	תיאבון
Caloria	קלוריה
Corpo	גוף
Dieta	דיאטה
Digestione	עיכול
Disidratazione	התייבשות
Energia	אנרגיה
Genetica	גנטיקה
Igiene	היגיינה
Infezione	זיהום
Malattia	חולי
Massaggio	עיסוי
Nutrizione	תזונה
Ospedale	בית חולים
Peso	משקל
Sangue	דם
Sano	בריא
Vitamina	ויטמין

Scacchi
שחמט

Avversario	יריב
Bianco	לבן
Campione	אלוף
Concorso	תחרות
Diagonale	אלכסון
Giocatore	שחקן
Gioco	משחק
Nero	שחור
Passivo	פסיבי
Per Imparare	ללמוד
Punti	נקודות
Re	מלך
Regina	מלכה
Regole	כללים
Sacrificio	הקרבה
Sfide	אתגרים
Strategia	אסטרטגיה
Tempo	זמן
Torneo	טורניר

Scienza
מדע

Atomo	אטום
Chimico	כימי
Clima	אקלים
Dati	נתונים
Esperimento	ניסוי
Evoluzione	אבולוציה
Fatto	עובדה
Fisica	פיזיקה
Fossile	מאובן
Ipotesi	הנחה
Laboratorio	מעבדה
Metodo	שיטה
Minerali	מינרלים
Molecole	מולקולות
Natura	טבע
Organismo	אורגניזם
Particelle	חלקיקים
Piante	צמחים
Scienziato	מדען

Spezie
תבלינים

Aglio	שום
Amaro	מריר
Anice	אניס
Cannella	קינמון
Cardamomo	הל
Cipolla	בצל
Coriandolo	כוסברה
Cumino	כמון
Curcuma	כורכום
Curry	קארי
Dolce	מתוק
Finocchio	שומר
Liquirizia	שוש
Noce Moscata	מוסקט
Paprika	פפריקה
Pepe	פלפל
Sale	מלח
Vaniglia	וניל
Zafferano	זעפרן
Zenzero	ג'ינג'ר

Sport
ספורט

Allenatore	מאמן
Atleta	ספורטאי
Capacità	יכולת
Cardiovascolare	לב וכלי דם
Corpo	גוף
Danza	ריקוד
Dieta	דיאטה
Forza	כוח
Jogging	ריצה
Massimizzare	למקסם
Metabolico	מטבולי
Muscoli	שרירים
Nuotare	לשחות
Nutrizione	תזונה
Obiettivo	מטרה
Ossa	עצמות
Programma	תכנית
Resistenza	סיבולת
Salute	בריאות
Sportivo	ספורט

Strumenti Musicali

כלי נגינה

Armonica	מפוחית
Arpa	נבל
Bacchette	מקלות תיפוף
Banjo	בנג'ו
Chitarra	גיטרה
Clarinetto	קלרינט
Fagotto	בסון
Flauto	חליל
Gong	גונג
Mandolino	מנדולינה
Marimba	מרימבה
Oboe	אבוב
Pianoforte	פסנתר
Sassofono	סקסופון
Tamburello	תוף מרים
Tamburo	תוף
Tromba	חצוצרה
Trombone	טרומבון
Violino	כינור
Violoncello	צ'לו

Tecnologia

טכנולוגיה

Blog	בלוג
Browser	דפדפן
Byte	בתים
Computer	מחשב
Cursore	סמן
Dati	נתונים
Digitale	דיגיטלי
File	קובץ
Font	גופן
Internet	אינטרנט
Messaggio	הודעה
Ricerca	מחקר
Schermo	מסך
Sicurezza	ביטחון
Software	תוכנה
Statistiche	סטטיסטיקה
Telecamera	מצלמה
Virtuale	וירטואלי
Virus	נגיף

Tempo

זמן

Anno	שנה
Annuale	שנתי
Calendario	לוח שנה
Decennio	עשור
Dopo	לאחר
Futuro	עתיד
Giorno	יום
Ieri	אתמול
Mattina	בוקר
Mese	חודש
Mezzogiorno	צהריים
Minuto	דקה
Notte	לילה
Oggi	היום
Ora	שעה
Orologio	שעון
Presto	בקרוב
Prima	לפני
Secolo	מאה
Settimana	שבוע

Tipi di Capelli

סוגי שיער

Argento	כסף
Asciutto	יבש
Bianco	לבן
Biondo	בלונדיני
Breve	קצר
Calvo	קירח
Colorato	צבעוני
Grigio	אפור
Intrecciato	קלוע
Liscio	חלק
Lungo	ארוך
Marrone	חום
Morbido	רך
Nero	שחור
Riccio	מתולתל
Riccioli	תלתלים
Sano	בריא
Sottile	רזה
Spessore	עבה
Trecce	צמות

Uccelli

ציפורים

Airone	אנפה
Anatra	ברווז
Aquila	נשר
Cicogna	חסידה
Cigno	ברבור
Cuculo	קוקייה
Falco	נץ
Fenicottero	פלמינגו
Gabbiano	שחף
Oca	אווז
Pappagallo	תוכי
Passero	דרור
Pavone	טווס
Pellicano	שקנאי
Piccione	יונה
Pinguino	פינגווין
Pollo	עוף
Struzzo	יען
Tucano	טוקאן
Uovo	ביצה

Universo

יקום

Asteroide	אסטרואיד
Astronomia	אסטרונומיה
Astronomo	אסטרונום
Atmosfera	אווירה
Buio	חושך
Celeste	שמימי
Cielo	רקיע
Cosmico	קוסמי
Emisfero	המיספרה
Galassia	גלקסיה
Latitudine	קו רוחב
Longitudine	אורך
Luna	ירח
Orbita	מסלול
Orizzonte	אופק
Solare	שמש
Solstizio	היפוך
Telescopio	טלסקופ
Visibile	גלוי
Zodiaco	גלגל המזלות

Vacanze #2
שפון #2

Aeroporto	הפועת הדש
Campeggio	גניפמק
Destinazione	דעי
Foto	תונומת
Hotel	ןולמ
Isola	יא
Mappa	הפמ
Mare	םי
Passaporto	ןוכרד
Ristorante	הדעסמ
Spiaggia	ףוח
Straniero	רז
Taxi	תינומ
Tempo Libero	יאנפ
Tenda	להוא
Trasporto	הרובחת
Treno	תבכר
Vacanza	גח
Viaggio	עסמ
Visto	הזיו

Veicoli
בכר ילכ

Aereo	סוטמ
Ambulanza	סנלובמא
Auto	תינוכמ
Autobus	סובוטוא
Barca	הריס
Bicicletta	םיינפוא
Camion	תיאשמ
Caravan	ןאוורק
Elicottero	קוסמ
Metropolitana	תיתחת תבכר
Motore	עונמ
Pneumatici	םיגימצ
Razzo	הטקר
Scooter	עונטק
Sottomarino	תללוצ
Taxi	תינומ
Traghetto	תרובעמ
Trattore	רוטקרט
Treno	תבכר
Zattera	הדוספר

Verdure
תוקרי

Aglio	םוש
Broccolo	ילוקורב
Carciofo	קושיטרא
Carota	רזג
Cetriolo	ןופפלמ
Cipolla	לצב
Fungo	הייטרטפ
Insalata	טלס
Melanzana	ליצח
Patata	המדא חופת
Pisello	הנופא
Pomodoro	היינבגע
Prezzemolo	הילוזורטפ
Rapa	תפל
Ravanello	ןונצ
Scalogno	תולאש
Sedano	ירלס
Spinaci	דרת
Zenzero	ר'גנ'ג
Zucca	תעלד

Vestiti
םידגב

Abito	הלמש
Braccialetto	דימצ
Calzini	םייברג
Camicia	הצלוח
Cappello	עבוכ
Cappotto	ליעמ
Cintura	הרוגח
Collana	תרשרש
Gonna	תיאצח
Grembiule	רניס
Guanti	תופפכ
Jeans	סני'ג
Maglione	רדווס
Moda	הנפוא
Pantaloni	םייסנכמ
Pantofole	תיב ילענ
Pigiama	המ'גיפ
Sandali	םילדנס
Scarpa	לענ
Sciarpa	ףיעצ

Congratulazioni

Ce l'hai fatta!

Speriamo che questo libro vi sia piaciuto tanto quanto a noi è piaciuto concepirlo. Ci sforziamo di creare libri della più alta qualità possibile.
Questa edizione è progettata per fornire un apprendimento intelligente, di qualità e divertente!

Le è piaciuto questo libro?

Una Semplice Richiesta

Questi libri esistono grazie alle recensioni che pubblicate.

Puoi aiutarci lasciando una recensione
ora a questo link ?

BestBooksActivity.com/Recensioni50

SFIDA FINALE!

Sfida n°1

Sei pronto per il tuo gioco gratuito? Li usiamo sempre, ma non sono così facili da trovare - ecco i **Sinonimi!**

Scrivi 5 parole che hai trovato nei puzzle (n° 21, n° 36, n° 76) e prova a trovare 2 sinonimi per ogni parola.

Scrivi 5 parole del *Puzzle 21*

Parole	Sinonimo 1	Sinonimo 2

Scrivi 5 parole del *Puzzle 36*

Parole	Sinonimo 1	Sinonimo 2

Scrivi 5 parole del *Puzzle 76*

Parole	Sinonimo 1	Sinonimo 2

Sfida n°2

Ora che ti sei riscaldato, scrivi 5 parole che hai trovato nei puzzle n° 9, n° 17 e n° 25 e cerca di trovare 2 contrari per ogni parola. Quanti ne puoi trovare in 20 minuti?

Scrivi 5 parole del **Puzzle 9**

Parole	Antonimo 1	Antonimo 2

Scrivi 5 parole del **Puzzle 17**

Parole	Antonimo 1	Antonimo 2

Scrivi 5 parole del **Puzzle 25**

Parole	Antonimo 1	Antonimo 2

Sfida n°3

Grande! Questa sfida   non è niente per te!

Pronto per la sfida finale? Scegli 10 parole che hai scoperto nei diversi puzzle e scrivile qui sotto.

1.	6.
2.	7.
3.	8.
4.	9.
5.	10.

Ora scrivi un testo pensando a una persona, un animale o un luogo che ti piace.

Puoi usare l'ultima pagina di questo libro come bozza.

La tua composizione:

_____

_____

_____

_____

_____

_____

_____

_____

_____

_____

TACCUINO:

A PRESTO!

Tutta la Squadra

SCOPRIRE GIOCHI GRATIS

GO

↓

www.ingramcontent.com/pod-product-compliance
Lightning Source LLC
Chambersburg PA
CBHW082052120626
46553CB00011B/3369